# Oliver Kämpf

---

# INTERNATIONALISIERUNG

# SUBSTAATLICHER REGIONEN

Umschlaggestaltung: Karel Limbursky

# Oliver Kämpf

---

# INTERNATIONALISIERUNG

# SUBSTAATLICHER REGIONEN

---

Wettbewerb der Regionen in einer globalisierten Welt
- eine vergleichende Analyse der
Außenwirtschaftspolitik von
Baden-Württemberg und Niedersachsen

*ibidem*-Verlag
Stuttgart

Bibliografische Information Der Deutschen Bibliothek

Die Deutsche Bibliothek verzeichnet diese Publikation in der Deutschen
Nationalbibliografie; detaillierte bibliografische Daten sind im Internet
über <http://dnb.ddb.de> abrufbar.

∞

Gedruckt auf alterungsbeständigem, säurefreien Papier
Printed on acid-free paper

ISBN: 3-89821-229-7
© *ibidem*-Verlag
Stuttgart 2002
Alle Rechte vorbehalten

Printed in Germany

„THE MORE CIVIC A REGION – THE MORE EFFECTIVE
IS GOVERNMENT"

(Robert D. Putnam)

# Vorwort

Die wissenschaftliche Auseinandersetzung mit den Folgen der Internationalisierung verstärkt sich seit Jahren. Die Analyse der Aufgaben und Möglichkeiten von Bundesländern innerhalb dieses Prozesses gehört jedoch zu einem der wenig untersuchten Bereiche der Politikwissenschaft.

Wirken die zunehmenden Verflechtungen wirtschaftlicher Prozesse auf Staaten kompetenzeinschränkend oder kompetenzerweiternd? Wie können staatliche Akteure ihren Einfluss auf die privaten Wirtschaftssubjekte erhalten? Diese Fragen beantworten unzählige politikwissenschaftliche Publikationen für den nationalstaatlichen und den überstaatlichen Raum. Mit der Arbeit „Internationalisierung substaatlicher Regionen" wird die Anpassungsfähigkeit substaatlicher Regionen an Internationalisierungsprozesse in den letzten eineinhalb Jahren analysiert und dargestellt. Am Beispiel der Bundesländer Baden-Württemberg und Niedersachsen werden die Anpassungen der Außenwirtschaftssysteme an den ökonomischen Wandel untersucht und dabei besonderes Augenmerk auf die lokalen Strukturen, Organisationen und Angebote gelegt.

Zunächst wird der politikwissenschaftliche Forschungsstand zur Internationalisierung von substaatlichen Einheiten vorgestellt und diskutiert. Strategische Ausrichtungen von substaatlichen Einheiten als Reaktion auf Globalisierung und Entstaatlichungstendenzen werden mit dem Private-Public-Partnership und Global Governance Konzept dargestellt. Im empirisch – vergleichenden Hauptteil wird die Außenwirtschaftspolitik und internationale Wirtschaftsförderung in den beiden Bundesländern und der Bundesrepublik verglichen. Wie lassen sich die vermuteten Veränderungen der Außenwirtschaft durch Internationalisierung, Liberalisierungen und veränderte Märkte empirisch plausibel darstellen? Für die Beantwortung der Frage werden die folgenden methodischen Verfahren angewendet:

- quantitative Messung des Internationalisierungsgrads
- qualitative Analyse der politischen Anpassung
- historische Betrachtung und Entwicklung von Politikstilen

Die vorliegende Arbeit diskutiert Ansätze der Politikwissenschaft und Ökonomie auf einer gemeinsamen Ebene. Mit diesem Vorgehen wird ein Brückenschlag zwischen klassischer Internationaler Politik, Analyse und Vergleich von Systemen und der volkswirtschaftlichen Internationalisierungsdebatte geleistet.

# Inhaltsverzeichnis

# Abbildungs- und Tabellenverzeichnis

# Abkürzungsverzeichnis

| | |
|---|---|
| AA | Auswärtiges Amt |
| AKVGdL | Arbeitskreis Volkswirtschaftliche Gesamtrechnungen der Länder |
| AFTA | Asean Free Trade Association |
| AHK | Außenhandelskammer |
| BfAi | Bundesstelle für Außenhandelsinformationen |
| BINGO | Business international non-governmental Organization |
| BIP | Bruttoinlandsprodukt |
| BW | Baden-Württemberg |
| DGB | Deutscher Gewerkschaftsbund |
| DI | Direktinvestitionen |
| DIHT | Deutscher Industrie- und Handelstag |
| DIHZ | Deutsche Industrie- und Handelszentren |
| EU | Europäische Union |
| FTAA | Free Trade Area of Americas |
| FuT | Forschung- und Technologie |
| GWZ | Gesellschaft für internationale wirtschaftliche Zusammenarbeit |
| IHK | Industrie- und Handelskammer |
| INGO | International non-governmental Organization |
| INTERREG | Gemeinschaftsinitiative zur Förderung grenzüberschreitender Zusammenarbeit |
| IPA | Investment Promotion Agentur |
| ISA | Informations-System Außenwirtschaft |
| IT | Informationstechnologie |
| KuMU | Kleine und mittlere Unternehmungen |
| LAKRA | Landeskreditbank Baden-Württemberg |
| LB-BW | Landesbank Baden-Württemberg |
| LEG | Landesentwicklungsanstalt Baden-Württemberg |
| LGA | Landesgewerbeamt Baden-Württemberg |
| LVI | Landesverband baden-württembergischer Industrie |
| MERCOSUR | Mercado Común del Sur |
| MFG | Mittelstandsfördergesetz |

| | |
|---|---|
| MOE-L | Mittel- und Osteuropäische Länder |
| MZES | Mannheimer Zentrum für Europäische Sozialforschung |
| NAFTA | North American Free Trade Association |
| NATI | Niedersächsische Agentur für Technologietransfer und Innovation |
| NdS | Niedersachsen |
| NIW | Niedersächsisches Institut für Wirtschaft |
| Nord-LB | Norddeutsche Landesbank |
| OECD | Organization for Economic Cooperation and Development |
| PPP | Private-Public-Partnership |
| REGE | Regionen als Handlungseinheiten in der europäischen Politik |
| RKW | Rationalisierungskuratorium Deutsche Wirtschaft |
| SK NdS | Staatskanzlei Niedersachsen |
| SM BW | Staatsministerium Baden-Württemberg |
| SR | Substaatliche Region |
| UNCTAD | United Nations Conference on Trade and Development |
| VDMA | Verein Deutscher Maschinenbauern |
| WM BW | Wirtschaftsministerium Baden-Württemberg |
| WM NdS | Wirtschaftsministerium Niedersachsen |
| WTO | World Trade Organization |

# - Teil A -

## Thema, Fragestellung und Vorgehen

Internationalisierung, Globalisierung und Regionalisierung sind Prozesse, die ab den achtziger Jahren des 20. Jahrhunderts einen großen Teil der Diskussion in den Internationalen Beziehungen und Wirtschaftswissenschaften bestimmen. Die politikwissenschaftliche Forschung betrachtet zumeist die Wechselwirkungen dieser Prozesse zwischen den Staaten und die Veränderungen, die sich aus diesen ergeben. In der deutschsprachigen Forschungsliteratur gibt es zu diesem Themenkomplex reichhaltige Veröffentlichungen. Der Stand der Forschung über die Beziehungen zwischen Internationalisierung und substaatlichen Regionen dagegen ist niedrig. Die Relevanz substaatlicher Einheiten im Prozess der zunehmenden wirtschaftlichen Verflechtung wird von den meisten Forschungsansätzen nicht betrachtet. Doch in der politischen Realität sind substaatliche Einheiten wie Bundesländer, Kantone, Distrikte und Regionen zunehmend aktiv. Die „Dritte Ebene" im europäischen Mehrebenensystem gewinnt in europäischen Staaten wie Belgien, Italien, Frankreich und Spanien immer mehr an Bedeutung.

Diese theoriegeleitete empirische Arbeit basiert in ihren Grundannahmen auf den liberalen Ansätzen der internationalen Integrationsforschung. Es wird von der besonderen Bedeutung von staatlichen sowie nicht-staatlichen Akteuren für die Anpassung und Bewältigung der Internationalisierung ausgegangen. Für die Untersuchung wird der Vergleich der substaatlichen Regionen Baden-Württemberg und Niedersachsen im Bereich ihrer Außenwirtschaftspolitik und Außenwirtschaftsförderung angestellt. Die Erkenntnisse aus dem Vergleich zeigen unterschiedliche Formen der Anpassung an Internationalisierungsprozesse.

## 1. Forschungsleitende Frage

Ziel der Arbeit ist es, den Wirkungszusammenhang zwischen Internationalisierung und der Außenwirtschaftspolitik in substaatlichen Regionen aufzuzeigen. Das heißt:

**Wie wirkt sich wirtschaftliche Internationalisierung auf substaatliche Regionen (in Deutschland) aus?**

Diese Frage, die den substaatlichen Raum in die Analyse des Wirkungszusammenhangs von internationaler Wirtschaft und staatlichen Handelns einbezieht, wurde in der Forschungsliteratur noch nicht beantwortet. Das scheint vor dem Hintergrund zunehmender politischer Verflechtungen und angesichts der Wirtschaftskompetenz deutscher Bundesländer und anderer substaatlicher Regionen verwunderlich. Wirkt sich Internationalisierung auf die Handlungsoptionen der Wirtschaftssubjekte kompetenzerweiternd oder kompetenzbeschränkend aus? Welche Strategien werden verfolgt um eine problemlösungsfähige Politik zu betreiben und als verfasste Einheit in Europa zu überleben? Welche Strukturen haben sich in den substaatlichen Einheiten ergeben, um der Zunahme weltweiter wirtschaftlicher Verflechtung und daraus resultierender Interdependenzen zu begegnen?

## 2. Hypothesen

Folgende Hypothesen ergeben sich aus den aufgeworfenen Fragen:

1. Beim Einfluss der Internationalisierung auf substaatliche Regionen kommt es, ebenso wie bei Regionen und Nationalstaaten, zu Anpassungsprozessen.
2. Die Anpassung auf der politischen Ebene geschieht mittels Wirtschafts- und Außenwirtschaftspolitik. Politische Vorstellungen über die Aufgaben der Politik in diesem Bereich müssen ggf. geändert werden.
3. Dieser Prozess geschieht individuell unterschiedlich und ist keinem Automatismus unterworfen.

4.  Die aktive Anpassung erfolgt durch Ausbildung neuer Politikstile und Strukturen.

5.  Die Interessen von potenziell internationalisierbaren subnationalen Regionen unterscheiden sich von Gebieten, die Schwierigkeiten bei diesem Prozess haben.

6.  Durch die Anpassungen kann eine substaatliche Region, je nach Ausgestaltung, Vorteile gegenüber anderen erlangen.

7.  Bei positiver Anpassung verbessert sich die Performance der substaatlichen Region im Staatsgebiet insgesamt.

Die forschungsleitenden Hypothesen beruhen auf den drei Prämissen:

1.  Internationalisierung wirkt sich auf substaatliche Regionen aus.

2.  Substaatliche Regionen können ihre Strukturen den internationalen wirtschaftlichen Entwicklungen anpassen.

3.  Die deutschen Länder haben grundsätzlich dieselben rechtlichen und politischen Grundvoraussetzungen für (Außen-) Wirtschaftspolitik.

Mit den drei Prämissen bewegt sich diese Arbeit in der Tradition liberaler Integrationsansätze. Wirtschaftliche Veränderungen wirken sich direkt auf staatliche Bereiche aus. Diese Wirkungen betreffen in der heutigen Staatenwelt nicht nur die Politik der Nationalstaaten und die National-ökonomie, sondern auch untere politische Ebenen. Substaatliche Regionen können sich prinzipiell neuen Strukturen anpassen. Alle deutschen Bundesländer haben in den Bereichen Recht und Wirtschaftspolitik den-selben gestaltungspolitischen Rahmen. Dieser Rahmen kann jedoch innerhalb des europäischen und bundesrepublikanischen Rechts unter-schiedlich ausgestaltet werden. Die regional unterschiedliche Wirtschaftsstruktur ist eine explikative Variable und kann nur langfristig durch die regierenden Akteure verändert werden.

Die aufgestellten Hypothesen über den Einfluss der Internationalisierung auf substaatliche Regionen werden im folgenden Abschnitt erläutert:

**(1)** Die erste der sieben Wirkungsvermutungen geht davon aus, dass Internationalisierung substaatliche Regionen zu Anpassungsprozessen bewegt. Da die Anpassungen im europäischen Mehrebenensystem auf internationaler und europäischer Ebene mit wenigen Ausnahmen durch die Bundesregierung geleistet wird (sieht man von Einrichtungen, die sich auf die regionale Ebene Europas beziehen, ab, bleibt substaatlichen Regionen nach innen gerichtete Politik, um sich Internationalisierungsprozessen anzupassen.

**(2)** Das Politikfeld, das sich dafür anbietet, ist die Wirtschaftspolitik. Die Wahrnehmung einer nach außen gerichteten wirtschaftspolitischen Rolle ist für Bundesländer durch den Föderalismus im Prinzip nicht vorgegeben. Die Aufgabe ist traditionell so definiert, dass die Länder eine regionale Wirtschaftsförderung betreiben, Infrastrukturen verbessern und die Interessen ihrer heimischen Wirtschaft auf Bundesebene vertreten.

**(3)** Die Art, wie ein Bundesland seine Außenwirtschaftspolitik betreibt, ist keinem Automatismus unterworfen. Es steht den Ländern frei, mit welchen rechtlichen Vorgaben, finanziellen Mitteln und Nachdrücklichkeit diese mögliche Rolle angenommen wird. Der Grad der Anpassungsaktivitäten kann von rein reaktivem Verhalten bis hin zu eigendynamischen Aktionen reichen.

**(4)** Eine aktive Anpassung ist geprägt durch einen neuen Politikstil, der neue Strukturen und Maßnahmen im Bereich Außenwirtschaft mit sich bringt. Traditionelle Einrichtungen der nach innen gerichteten Wirtschaftsförderung können ebenso wie eigens dafür neu geschaffene Institutionen diese Aufgaben erfüllen. Bei der Überführung der alten Wirtschaftsförderung in eine moderne Außenwirtschaftsförderung können neue Hierarchien entstehen und/ oder Partnerschaften zwischen der Wirtschaft, der verfassten Wirtschaft und der öffentlichen Ebene entstehen.

**(5)** Substaatliche Regionen, deren Wirtschaft binnenorientiert ist, haben divergierende Interessen zu Regionen mit stark exportabhängiger Produktion. Die Internationalisierbarkeit einer exportorientierten Region hängt davon ab, wie die regionale Wirtschaft strukturiert ist. Es hat sich in der Steuerungsforschung gezeigt, dass Großunternehmen des verarbeitenden Gewerbes, so genannte Global Players, in ihren Investitionsabsichten und Unternehmensentscheidungen kaum zu steuern sind. Außenwirtschaftsförderung in der Europäischen Union, in der Bundesrepublik und in den Ländern richtet sich immer an *kleine und mittlere Unternehmen*, den so genannten Mittelstand. Eine mittelständische regionale Wirtschaft ist demzufolge eine gute Voraussetzung für eine erfolgreiche Außenwirtschaftspolitik. Das Interesse der Wirtschaft in einer exportabhängigen Region ist der Abbau von Handelshemmnissen und die Förderung von Außenhandel. Die Unternehmen goutieren eine mittelstandsfreundliche Politik und suchen die Partnerschaft mit der Politik. In Regionen mit eher binnenorientierter Wirtschaft oder Dominanz von Großunternehmen, ist dieser Wirkungszusammenhang nicht zu vermuten. Staatliche Akteure können hier mit den dominierenden Wirtschaftsakteuren zusammenarbeiten oder mit protektionistischer Politik die heimische Wirtschaft vor negativ empfundenen Einflüssen schützen.

**(6)** Je nach Ausgestaltung der veränderten Politik können sich die Verhältnisse zwischen den substaatlichen Regionen in der bundesstaatlichen Einheit verändern. Indikatoren hierfür wären zum Beispiel der Anteil der Exporte an den Gesamtausfuhren und die Entwicklung der Arbeitslosenquote.

**(7)** Eine substaatliche Region kann sich in ihrer Performance nicht nur im Verhältnis zu anderen, sondern auch absolut verbessern. Das bedeutet, dass die modernisierten Strukturen der Außenwirtschaftspolitik auch mittelfristig in der Lage sind, sich den Veränderungen der internationalen Wirtschaft zu stellen und effektive Förderung zu betreiben.

Bevor die beiden Vergleichsregionen anhand der aufgestellten Forschungsfrage verglichen werden und die Hypothesen an ihnen getestet werden, müssen in einem theoretischen Teil Grundlagen für die Analyse geschaffen werden. In Teil B wird diskutiert, was Internationalisierung bedeutet. Hier wird der Begriff gegen Globalisierung und Regionalisierung abgegrenzt sowie der Terminus substaatliche Region/substaatliche Regionalisierung erläutert. Die theoretischen Handlungsoptionen von Staaten in einer ent-grenzten Wirtschaftswelt und die von Politikwissenschaftlern vermuteten Wirkungszusammenhänge sowie die daraus resultierenden Modernisierungsmöglichkeiten werden im zweiten Schritt des Theorieteils vorgestellt.

## 3.    Methode

Wie lassen sich die vermuteten Veränderungen der Außenwirtschaft empirisch plausibel darstellen? Für den Vergleich substaatlicher Regionen wurden im empirischen Teil die beiden deutschen Bundesländer Niedersachsen und Baden-Württemberg ausgewählt. Für die Darstellung der Anpassung bieten sich nachfolgende methodische Ansätze an.

1.    Quantitative Messung des Internationalisierungsgrads
2.    Qualitative Analyse der politischen Anpassung
3.    Historische Betrachtung und Entwicklung von Politikstilen

(1) Die quantitative Messung der Internationalisierungsgrads wird mit ökonomischen und gesellschaftlichen Daten aus den Bundesländern und der Bundesrepublik betrieben. Es wird der Vernetzungsgrad der substaatlichen Wirtschaft mit der internationalen Wirtschaft anhand von quantitativen Werten der Außenwirtschaft erhoben:

• Höhe der Exporte und Importe

• Struktur der Exportbranchen

• Regionale Zielrichtung von Warenströmen

- Volumen und Struktur der Direktinvestitionen ins Ausland und einfließende Direktinvestitionen

Zur Einordnung der Außenwirtschaftsdaten in den nationalen Kontext werden die Wirtschaftsstruktur, die Forschungs- und Entwicklungsleistungen sowie die politische wie geografische Landkarten der beiden Länder dargestellt.

Zu den gemessenen binnenorientierten Daten im Bereich Wirtschaft gehören

- Struktur des verarbeitenden Gewerbes
- Entwicklung des regionalen Bruttoinlandsprodukts
- Entwicklung der Arbeitsmarktzahlen
- Entwicklung des Exportanteils am Gesamtexport

Die gewonnenen Quer- und Längsschnittdaten im Bereich Außenwirtschaft werden mit den binnenorientierten Daten in Beziehung gesetzt, um eventuell gegensätzliche Entwicklungen herauszuarbeiten. Alle Daten wurden aus   Primärquellen übernommen. Teilweise mussten die Werte für einen Vergleich angepasst werden.[1]

Ein weiteres quantitatives Element dieser Arbeit sind die rein zahlenmäßigen Darstellungen der Dienstleistungen und Maßnahmen im Bereich der Außenwirtschaftsförderung in beiden Regionen.

**(2)** Die qualitative Betrachtung bezieht sich auf politische Programme der verantwortlichen Akteure in den Vergleichsregionen. Mit der Analyse von Meinungsäußerungen, Selbstdarstellungen und politischen Paradigmen der entscheidenden Akteure können Veränderungen in der Wahrneh-

---

[1] Die Statistischen Landesämter, Ministerien und Wirtschaftsförderungsinstitute arbeiten in der Regel landesbezogen. Den Daten liegen meist keine deutschladweit standardisierten Methoden zugrunde. Interne Betrachtungen haben ebenso einen Zeithorizont, der drei Jahre oder drei Nennungen pro Jahrzehnt nicht übersteigt. Dies erschwert den Vergleich der Länder auf der Zeitachse

mung von Internationalisierung und die daraus resultierenden politischen Absichten (Paradigmenwechsel) dargestellt werden. Zur Messung der qualitativen Beweggründe für eine veränderte Außenwirtschaftspolitik werden

- Gesetze und Verträge,
- Regierungspapiere (Absichtserklärungen, Pressemitteilungen),
- Landtagsprotokolle und Reden,
- Interviews,
- Selbstdarstellungen[2]

der entscheidenden Akteure analysiert und auf Veränderungen der Wahrnehmung untersucht. Es ist zu erwarten, dass sich Abweichungen und Paradigmenwechsel vor allem in Gesetzen und präferierten Strukturen zur Bewältigung von Außenwirtschaftspolitik manifestieren. In den Jahresberichten und Broschüren der Außenwirtschaftsakteure werden erreichte Veränderungen geschildert und mittelfristige Ziele definiert. Bei der qualitativen Bestandsaufnahme werden vor allem Wahrnehmungen von Akteuren des Außenwirtschaftsnetzwerks und der Regierungsvertreter einbezogen. Äußerungen der jeweiligen Opposition liegen vor, werden jedoch in diese Arbeit nur begrenzt einbezogen.[3] Für die Arbeit wurden Akteure in Niedersachsen und Baden-Württemberg interviewt. Diesen Interviews lagen ein einheitliches Frageschema zugrunde, das je nach Akteurstyp (Politik, Administration, Dienstleister) angepasst wurde. Die Interviews wurden zwischen September 2000 und Juli 2001 persönlich durchgeführt.

---

[2] Dazu zählen die offiziellen Internetseiten, Broschüren und andere Publikationen sowie Jahres- und Tätigkeitsberichte.

[3] Begründung: (1) Es geht um die Darstellung der realisierten Außenwirtschaftsförderung und nicht um eine wünschenswerte Situation aus Sicht der Opposition. In Niedersachsen waren die Oppositionsparteien innerhalb der letzten 15 Jahre an der Regierung beteiligt. Dies trifft mit Ausnahmen der Grünen und der Republikaner auch für Baden-Württemberg zu. Die Parteien hatten die Möglichkeit, ihre Auffassung über eine aktive Außenwirtschaftspolitik in die Regierung einzubringen. (2) Die Aufnahme von Wahrnehmungen und Vorschlägen der Oppositionsparteien würde den Rahmen dieser Magisterarbeit sprengen.

**(3)** Die Vorarbeiten zu dieser Arbeit zeigten, dass die baden-württembergische Außenwirtschaftsförderung auf traditionellen Strukturen basiert. Es wird deswegen notwendig sein, die historische Entwicklung der Exportförderung in die Betrachtung einfließen zu lassen. Ebenso werden Ergebnisse anderer Studien für die Bewertung der Politikstile in die langfristige Betrachtung einbezogen.[4]

## 4. Vorgehen und Aufbau

Aus der eingangs genannten Forschungsfrage und den Hypothesen leitet sich der Aufbau der folgenden Untersuchung ab. Die Arbeit gliedert sich, abgesehen von dem einführenden Kapitel (Teil A), der Zusammenfassung (Teil D) und dem Quellenanhang (Teil E), in drei Hauptteile (B, C und D).

Teil B hat zwei Schwerpunkte. Zunächst werden die angeführten Begriffe Internationalisierung, Globalisierung und Regionalisierung sowie die Begriffe substaatliche Region/substaatliche Regionalisierung definiert und ausgeführt. Im zweiten Abschnitt wird auf die Ent-Grenzungsdebatte innerhalb der Politikwissenschaft eingegangen. Hier werden die unterschiedlichen Befunde über den Einfluss der Internationalisierung auf die nationalstaatliche Handlungsfähigkeit vorgestellt. Im dritten Abschnitt werden zwei Alternativen modernen Regierens vorgestellt. Die Lösungsansätze für staatliches Handeln unter dem Einfluss wachsender wirtschaftlicher Vernetzung werden mit dem „Private-Public-Partnership-Modell" und dem „Governance-Ansatz" besprochen.
Damit werden die Grundlagen geschaffen, die für das Verständnis des Teils C und die Akteurs-Organisationsanalyse der substaatlichen Regionen notwendig sind.

---

[4]  Namentlich sind dieses die Berger-Studie und andere private Standortanalysen und Publikationen die im Bereich des REGE-Projekts erschienen sind. Hierzu gehören: Michèle Knodt: Tiefenwirkung europäischer Politik. Und Beate Kohler-Koch u.a. (Hrsg.): Interaktive Politik in Europa.

Teil C beschäftigt sich mit der Außenwirtschaftspolitik und Außenwirtschaftsförderung in der BRD. Der rechtliche Rahmen und die Struktur der Förderungen in Deutschland werden aufgezeigt. Für den Vergleich der beiden Bundesländer werden nacheinander die Strukturen und die Außenwirtschaft von Baden-Württemberg und Niedersachsen dargestellt. Daran schließen sich die Akteursanalyse an. Zu ihr gehört die Identifikation der wichtigsten staatlichen, öffentlichen und privaten Akteure und die Maßnahmen, die diese im Bereich Außenwirtschaft treffen. Diese Darstellung führt zu der notwendigen Übersicht auf das Netz der Außenwirtschaft in beiden substaatlichen Regionen.

Die Zusammenfassung der Erkenntnisse und die Schlussfolgerungen befinden sich im Teil D der Arbeit. Hier werden die theoretischen Ansätze und die empirischen Erkenntnisse nochmals miteinander verknüpft. Die Außenwirtschaftsstrukturen in Niedersachsen und Baden-Württemberg werden abschließend verglichen.

# - Teil B -

**Theoretische Grundlagen**

## 1.     Entwicklung des internationalen ökonomischen Raums

Der Einfluss von internationaler Wirtschaft auf die Gesellschaft und Politik der Industriestaaten ist offenkundig. Es gibt viele Anzeichen für ein *„Zusammenrücken der Welt"*. Große Unternehmensfusionen und Kooperationen so genannter Global Players gehören zur Normalität der Weltwirtschaft. Die Warenkörbe in Asien, Nordamerika und Europa gleichen sich immer mehr an. Nachrichtenprogramme beschäftigen sich extensiv mit den Weltbörsen und berichten mit großem Interesse von häufig stattfindenden politischen Spitzentreffen zur weltweiten Ökonomie. Die zunehmende Verflechtung der globalen ökonomischen Verhältnisse wird in den Medien, von den Parteien und in den Wissenschaften diskutiert und analysiert. Der Prozess, der seit dem Wandel in Osteuropa, der zunehmenden weltweiten Konkurrenz im verarbeitenden Gewerbe und dem raschen Anstieg von internationalen Finanzströmen abwechselnd *Globalisierung* oder *Internationalisierung* genannt wird, soll in diesem Kapitel erläutert werden.

## 1.1.     Internationalisierung

Der Begriff Internationalisierung wird in der Politikwissenschaft je nach Forschungsaspekt unterschiedlich definiert. Als Grundlage für diese Arbeit wird folgende Definition verwendet:

> Unter Internationalisierung als Oberbegriff versteht man die wirtschaftliche Verflechtung und die daraus resultierende Interdependenz verschiedener Länder und ihrer Wirtschaftssubjekte in unterschiedlichen Bereichen und Ausmaßen.[5]

---

[5]     Harald Germann/Bert Rürup/Martin Setzer: Globalisierung der Wirtschaft. S. 24.

Der Begriff Internationalisierung bezeichnet sowohl einen Zustand als auch einen Prozess. Internationalisierung umfasst alle internationalen Aktivitäten von Wirtschaftssubjekten. Die Aktivitäten können sowohl Verhandlungen auf internationaler politischer Ebene als auch Handelsgespräche oder Warenaustausch zwischen privaten Akteuren sein. Aus diesem Grunde hat Internationalisierung, je nach Akteurstyp, unterschiedliche Auswirkungen auf die Dimensionen des Gegenstandes. Internationalisierung wird als Oberbegriff für Globalisierung, Regionalisierung und substaatliche Regionalisierung verstanden. Zu unterscheiden ist der Begriff aus einzelwirtschaftlicher und gesamtwirtschaftlicher Sicht.

**a) Einzelwirtschaftliche Betrachtungsweise**

Aus einzelwirtschaftlicher Perspektive umfasst Internationalisierung alle Maßnahmen einzelner Markteilnehmer, um auf Einflüsse des internationalen Markts zu reagieren und die eigene Unternehmensstrategie auf ihre Bedürfnisse abzustimmen. Die Internationalisierung eines Unternehmens ist eine nachhaltige und das ganze Unternehmen erfassende Ausrichtung auf den Weltmarkt. Um den Internationalisierungsgrad von Einzelunternehmen zu messen, werden Daten über Exportquote, Höhe der Direktinvestitionen im Ausland und ausländische Kapitalbeteiligungen am Unternehmen und die Struktur des Unternehmens im Inland und Ausland gemessen. Für Einzelunternehmen können anhand der quantitativen Analyse die Beziehungsstrukturen der individuellen Internationalisierung aufgezeichnet werden und daraus weitere Strategien getroffen werden.

**b) Gesamtwirtschaftliche Betrachtungsweise**

Unter gesamtwirtschaftlichen Gesichtspunkten wird Internationalisierung folgendermaßen <u>definiert</u>:

> Internationalisierung steht für die Zunahme der internationalen Verflechtungen zwischen den Wirtschaftssubjekten auf staatlicher und privater Ebene.

Diese ganzheitliche Betrachtung über die Interaktionen von Wirtschaftssubjekten bindet anders als die einzelwirtschaftliche Analyse Akteure auf
staatlicher Ebene, Akteure der Meso-Ebene (Akteure der verfassten
Wirtschaft, Interessenvertretungen, Arbeitnehmervertretungen, Beauftragte der öffentlichen Hand) und die privaten Wirtschaftssubjekte in die
Analyse ein. Der Prozessansatz erlaubt es den Wandel dieser Beziehungen zueinander darzustellen. Prinzipiell steht allen Territorien und
Wirtschaftsakteuren die Teilnahme an der Internationalisierung offen.
Beschränkungen sind in den wirtschaftlichen Möglichkeiten und der Politik bzw. der Ausrichtung der Akteure zu finden.

Internationalisierung bedeutet aber nicht nur trans-nationale Austausch-
beziehungen von Eliten, sondern tatsächliches „Überschreiten von Grenzen". Liberale Politiken im Bereich der internationalen Wirtschaftsbeziehungen führten nach und nach zum Abbau von nationalstaatlicher
Protektion heimischer Wirtschaft. Interventionistische Maßnahmen, Zölle,
Mengen- und Importbeschränkungen wurden durch internationale Abkommen, Freihandelszonen und Regionalisierungen abgebaut. Unter
quantitativen Gesichtspunkten wird mit der Internationalisierung ein Prozess beschrieben, der durch wachsende Mobilität von Kapital, Gütern,
Arbeit und einem rasanten technologischen Fortschritt gekennzeichnet
ist. Der Wertschöpfungsraum einer Volkswirtschaft wird durch die Entwicklung zu internationalisierten Märkten über die Grenzen des Regie-
rungsraums hinaus ausgedehnt. Zur quantitativen Messung der weltwirt-
schaftlichen Integration und des Internationalisierungsgrads können
folgende Kriterien herangezogen werden:[6]

- Wachstum der Direktinvestitionen (Finanzströme)
- Wachstum des Welthandels (Waren- und Güterströme)
- Internationalisierung des Arbeitsmarktes (Arbeitsströme)
- Wachstum der exportorientierten Branchen
- Kooperationen im Ausland ohne Kapitalbeteiligung

- Entwicklung des mengenmäßigen Anteils globaler Güter[7] an den Güterströmen insgesamt
- Exportquote und Importquote

Die Indikatoren für eine Zunahme der wirtschaftlichen Verflechtung werden vor allem im Bereich der *Beweggrößen* der Volkswirtschaft deutlich. Zu ihnen gehören Investitionen, Forschung und Entwicklung, Beschaffung, Produktionsverhältnisse, Löhne, Zinsen und Steuern. Die *Bestandsgrößen* einer Volkswirtschaft können sich nur mittel- und langfristig an wandelnde Verhältnisse anpassen. Zu den Beständen gehören die Wirtschaftsstruktur, die Anzahl von kleinen, mittleren und großen Unternehmen, die Wirtschaftskultur und der Politikstil, sowie das zur Verfügung stehende nationale Anlage- und Investitionskapital. Die quantitativen Werte geben Auskunft über den Grad der Internationalisierung. Abgesehen von der erreichten Position innerhalb des Prozesses ist ein Territorium internationalisiert, wenn die nationalen Wirtschaftssubjekte über die Grenzen der eigenen Nation hinaus international tätig sind. Es ist im Gegensatz zur Globalisierung nicht notwendig, dass alle Regionen der Welt in den Internationalisierungsstrategien der Akteure berücksichtigt sind.

## 1.2. Globalisierung

> Globalisierung ist ein Prozess, der eine alle Länder der Erde erfassende wirtschaftliche Verflechtung der privaten Wirtschaftssubjekte bewirkt.

---

[6]  Vgl. Ulrich Krystek/Eberhard Zur: Ausgangspunkt der Internationalisierung, in: Ulrich Krystek/Eberhard Zur (Hrsg.): Internationalisierung. S. 5.

[7]  Globale Güter zeichnen sich durch eine hohe technologische Entwicklungsstufe aus. Die Kosten, die für ihren Transport aufzuwenden sind, sind im Verhältnis zu ihrem Wert gering. Sie können prinzipiell an jedem Ort der Erde hergestellt werden. Beispiel hierfür sind in der IT-Branche und anderen Spitzentechnologien zu finden.

Dieser sehr weit gehenden Definition aus gesamtwirtschaftlicher Sicht stehen alternative Definitionen gegenüber, die (1) entweder die Funktionen und Wirkungen der Globalisierung auf den Staat betrachten - oder (2) den Fokus auf den privatwirtschaftlichen Aspekt der weltumgreifenden Verflechtung lenken.

Um dies zu verdeutlichen hier zwei alternative Definitionen:

> (1) Globalisierung ist die zunehmende räumliche Ent-Grenzung von politischem und ökonomischem Handeln.[8]
>
> (2) Globalisierung ist ein Prozess, durch den Märkte und Produktion in verschiedenen Ländern durch die Dynamik des Handels mit Gütern und Dienstleistungen und durch die Bewegungen von Kapital und Technologie immer mehr voneinander abhängig werden.[9]

Da beide Begriffsbedeutungen unterschiedliche Schwerpunkte als das Wesentliche von Globalisierung bezeichnen, muss gefragt werden, welche Implikationen die verschiedenen Auffassungen für die Forschung über Internationalisierungseinflüsse und Handlungsoptionen auf substaatliche Einheiten ergeben?

(1) Susanne Lützs Definition geht auf die politikwissenschaftliche, systemische Ebene der Globalisierung ein, die annimmt, dass Globalisierung direkten Einfluss auf die Staatlichkeit hat. Auf diese Definition stützen sich vor allem die Vertreter des Ent-Grenzungsansatzes: Die internationalen wirtschaftlichen Verflechtungen verschaffen den wirtschaftlichen Akteuren Macht und machen sie so von staatlichen Grenzen und Kontrollen unabhängig. Das Kräftegleichgewicht wird zwischen Politik und Ökonomie zugunsten der Wirtschaft verschoben. Damit geraten die staatlichen Akteure und die Steuerungspolitik in die Defensive. Die-

---

[8]  Susanne Lütz: Der regulative Staat in Zeiten der Globalisierung. S. 71.
[9]  Definition der OECD, in: Bernhard von Plate: Grundelemente der Globalisierung. S. 3.

27

ser Ansatz kann den Politisierungsthesen[10], im Sinn eines *race to the bottom* zugesprochen werden. Eine Auseinandersetzung damit erfolgt in Kapitel B.2.

(2) Die OECD-Definition begreift Globalisierung als messbares Phänomen der Waren- Dienstleistungs- und Kapitalflüsse: Die internationalen Verflechtungen führen zu gegenseitigen Abhängigkeiten in allen Wirtschaftsbereichen. Staatliche oder öffentliche Akteure sind per Definition in die wirtschaftlichen Interaktionen nicht eingebunden und können keinen Einfluss auf den Prozess nehmen. Dieser Ansatz wird in der Forschung auch Ökonomisierungsthese genannt.[11]

### 1.3. Regionalisierung

Im Gegensatz zu Internationalisierung und Globalisierung ist der Begriff *Region*, beziehungsweise *Regionalisierung* nahezu unumstritten, beschreibt er doch einen Zustand und Prozess, für den die Europäische Union (EU) als Vorbild steht:

> Regionen sind Gebiete, die verschiedene Staaten einer Weltregion umfassen. Bei einem wirtschaftlichen und politischen Zusammenschluss mehrerer Nationalstaaten eines Gebietes auf staatlicher Ebene spricht man von Regionalisierung.

Die Verdichtung und Verflechtung des Netzes zwischen einzelnen Gruppen von Nationen, die geografisch in geringer Entfernung voneinander liegen, war zunächst ein europäisches Phänomen. Die entscheidenden Akteure bei der Herbeiführung der Kooperationen waren politisch legitimierte Regierungen. Zunächst diente die Europäische Wirtschaftsgemeinschaft der Stabilisierung des Machtgefüges in Europa und der gegenseitigen wirtschaftlichen Ergänzung und Hilfe (Montan-Union). Mit der Einheitlichen Europäischen Akte, den Verträgen von Maasstricht und Amsterdam, der Verwirklichung des Binnenmarktes und der Einführung des Euros als gesetzliches Zahlungsmittel in fast allen Mitgliedsländern

---

[10] Vgl. Edgar Grande/Thomas Risse: Bridging the Gap. S.239.
[11] Ebd. S.241.

der Europäischen Union ist die Regionalisierung in Europa weit fortge-
schritten. Am Beispiel der Europäischen Union kann die Dominanz der
staatlichen Akteure bei der Regionalisierung und deren Prozesshaftigkeit
über einen Zeitraum von mehr als fünfzig Jahren gesehen werden. Anschließend entstanden neben der Europäischen Union die *Nordamerika-
nische Freihandelszone* (NAFTA) und der *Gemeinsame Markt der südamerikanischen Länder* (MERCOSUR). Weitere Regionen, wie die
*Asiatische Freihandelsvereinigung* (AFTA) und das *Freihandelsgebiet
der amerikanischen Staaten* (FTAA) befinden sich im Entstehungspro-
zess. Betrachtet man die Regionalisierung als Unterbegriff der Internationalisierung, so zeigt sich eine Tendenz in den führenden Wirtschaftsräumen der Welt Handelsbarrieren zwischen Ländern eines Gebiets
abzubauen und Politiken zu harmonisieren. Dies geschieht oft in Ab-
grenzung zu den Staaten, die nicht zu den Regionen gehören. In der Literatur wird die Entwicklung zu einer Welt der Regionen[12] häufig als Reaktion auf den internationalisierungsbedingten Steuerungsverlust des
einzelnen Staates bewertet. Eine weitere denkbare Erklärung wäre die
Ablösung der alten Machtzentren des Kalten Kriegs durch Wirtschafts-
zentren.

**1.4.   Substaatliche Region und substaatliche Regionalisierung**

Bei der Betrachtung von substaatlichen Regionen steht zunächst die I-
dentität des Territoriums im Mittelpunkt der Analyse. So kann untersucht
werden, ob die Region ein geschlossenes Auftreten nach außen besitzt
und welche Wirtschaftssubjekte miteinender Kooperationen eingehen.
Als Grundlage für die Arbeit wird folgende Definition von substaatlicher
Region (SR) verwendet:

---

[12]   Peter Katzenstein: The Role of Theory in Comparative Politics. S. 14: "With the
collapse of the bipolarity contemporary events are moving us to a world of regi-
ons and a new kind of area studies that connect comparative and international
research."

> Eine substaatliche Region ist ein Territorium unterhalb der nationalstaatlichen Ebene mit eigenen verfassungsgemäß definierten Aufgaben und Rechten.

Substaatliche Regionen sind im engeren Sinne Verwaltungsgebiete und keine Wirtschaftsgebiete, die klare Grenzen und einen hohen Grad an Autonomie von benachbarten Wirtschaftsgebieten haben. Sie sind Teile eines Staates. In Deutschland sind substaatliche Regionen die Bundesländer. Diese haben in wirtschaftsrelevanten Bereichen Rechtsetzungskompetenzen und haben die Möglichkeit, über ihre eigenen Mittelzuflüsse (vor allem Steuern) ihre Politik Veränderungen anzupassen. Im Sinne eines Unterbegriffes der Internationalisierung wird substaatliche Regionalisierung wie folgt definiert:

> Substaatliche Regionalisierung bezeichnet einen Prozess, bei dem substaatliche Regionen Anstrengungen unternehmen, ihre eigene Rolle im Prozess der Internationalisierung zu festigen. Zur Erreichung dieses Ziels werden Bündnisse zwischen staatlichen und privaten Akteuren geknüpft.

Die Identifikation als substaatliche Region, gepaart mit Kooperationen zur Verfestigung des wirtschaftlichen Stellenwerts, hat zwei Dimensionen:

(1) Zunächst bringt die partnerschaftliche Beziehung zwischen den staatlichen und privaten Subjekten einen Effekt nach innen. Informationen und Erfahrungen werden zwischen Unternehmen und Institutionen ausgetauscht. Der Wissensaustausch und die Formulierung gemeinsamer Ziele haben eine identifikationsstiftende Funktion und optimieren den Transfer zwischen den einzelnen Bereichen der Region.

(2) Die substaatliche Region tritt bei ihrem Engagement auf dem Weltmarkt als Einheit auf. Die Aufgaben zwischen den Akteuren sind klar verteilt und ergänzen sich gegenseitig.

Ähnlich wie bei der Regionalisierung handelt es sich bei der substaatlichen Regionalisierung um einen Prozess, der politisch ausgelöst wird und dessen Ziel ebenso unklar ist wie ein zu erreichender Endpunkt der maximalen Internationalisierung einer substaatlichen Region.[13] Die Politik substaatlicher Regionen wird ebenso wie substaatliche Regionalisierung in der Forschungsliteratur kaum behandelt. Erst in den vergangenen Jahren gab es Studien zur Politik der Regionen. Diese bezogen sich vor allem auf das Europäische Mehrebenensystem und nicht auf die Rolle der SRn als internationale Akteure. Die Arbeiten des Mannheimer Zentrums für Europäische Sozialforschung im Bereich des RE-GE-Projekts[14] sowie die Arbeiten von Joachim Blatter[15] und Dietmar Ernst[16] seien als Beispiel für regionenbezogene Analysen besonders hervorgehoben.

Gerade unter dem Eindruck von grenzüberschreitenden Beziehungen europäischer Regionen innerhalb und außerhalb der Europäischen Union möchte diese Arbeit zur Erforschung von Handlungsmöglichkeiten deutscher substaatlicher Regionen einen Beitrag leisten.

## 2. Ent-Grenzung - Handlungsoptionen staatlicher Akteure

Die vermuteten Konsequenzen, die sich durch Globalisierung und Internationalisierung für Nationalstaaten ergeben, wurden schon in den vorangegangenen Abschnitten angesprochen. An dieser Stelle sollen zwei unterschiedliche Ansätze zu staatlichen Handlungsoptionen vorgestellt werden.

---

[13] Bei der Betrachtung des empirischen Fallbeispiels Baden-Württemberg wird die Ausdehnung der Bereiche, in denen die substaatliche Region aktiv ist, deutlich. Die Ausdehnung der substaatlichen Tätigkeiten von einer traditionellen Exportförderung bis zu dem heutigen Außenwirtschaftsnetzwerk ist das Ergebnis eines langen politischen Prozesses mit unterschiedlicher Dynamik.

[14] Michèle Knodt: Tiefenwirkung europäischer Politik. Und: Beate Kohler-Koch (Hrsg.): Interaktive Politik in Europa.

[15] Joachim Blatter: Entgrenzung der Staatenwelt? Politische Institutionenbildung in grenzüberschreitenden Regionen in Europa und Nordamerika.

[16] Dietmar Ernst: Internationalisierung kleiner und mittlerer Unternehmen.

Allgemein akzeptiert ist die Beobachtung, dass durch Internationalisierung wirtschaftliche Grenzen und Schranken zwischen Volkswirtschaften überwunden werden und dass die ehemals von der realistischen Schule als Low-Politics beschriebene Wirtschaftspolitik in das Zentrum politischen Interesses gerückt ist.

Wie wirken sich also die zunehmende wirtschaftliche Verflechtung und die daraus resultierende Interdependenz auf die Handlungsoptionen von staatlichen Akteuren aus? Diese Diskussion ist von zentraler Bedeutung für die Aufgabe substaatlicher Akteure innerhalb der Internationalisierung. Die daraus gewonnenen Erkenntnisse sind dafür entscheidend, ob es sich für substaatliche Regionen anbietet, eine eher defensive Politik im Schutz des Nationalstaates und einer suprastaatlichen Region einzunehmen oder eine individuelle aktive Politik zu betreiben.

Der beschriebene common-sense in der Beurteilung der Ent-Grenzung unterscheidet sich in den weiteren Konsequenzen für den Staat: (1) Während eine Strömung von Be-Grenzung der staatlichen Einflussmöglichkeiten spricht[17], (2) kommen andere Autoren zu der Erkenntnis, dass der Prozess nicht die Rolle von Territorialstaaten schwächt, sondern stärkt[18].

Bei den Vorarbeiten zu dieser Arbeit zeigte sich, dass die Autoren, die die Funktion staatlicher Akteure eher skeptisch betrachten, auf die Möglichkeiten substaatlicher Einheiten bei der Gestaltung von Internationalisierung so gut wie nicht eingehen. Hier werden die Aussagen über Nationalstaaten bei Bedarf auf die SRn übertragen.

## 2.1.  Be-Grenzung und Schwund staatlicher Einflussnahme

Zur Illustration der Beziehung zwischen Staat und Wirtschaft aus Sicht der Autoren, die die Handlungsoptionen der Nationalstaaten gering einschätzen, wird die Argumentation Mathias Alberts in dem Artikel *„Entgrenzung und Formierung neuer politischer Räume"*[19] nachgezeichnet:

---

[17]  Vgl. Beate Kohler-Koch: Politische Unverträglichkeit von Globalisierung. S. 86.
[18]  Werner Link: Nationalstaatliche Politik unter neuen Bedingungen. S. 20.
[19]  In: Beate Kohler-Koch (Hrsg.): Regieren in entgrenzten Räumen.

Hauptwirkung der Internationalisierung ist der Bedeutungswandel des Staates. Die nationalen Volkswirtschaften entwickeln sich zu orts-ungebundenen Märkten, die nationale Grenzen mit ihren Regeln und Beschränkungen überwinden. Die Wirtschaft entzieht sich der staatlichen Kontrolle. Diese Entwicklung wird Ent-Grenzung genannt. Der Prozess bringt einen Bedeutungsverlust der Staatenwelt zugunsten der Gesell-schaftswelt mit sich. Albert bezeichnet eine mögliche Entwicklung der In-ternationalisierung auf regionaler Ebene mit dem Begriff Glokalisierung. Die Glokalisierung beschreibt die zunehmende Durchdringung und Be-einflussung örtlicher Verhältnisse, Gebräuche und Gewohnheiten durch globale Prozesse. Orts-ungebundene und orts-gebundene Strukturen prägen die Internationalisierung und bewirken eine Lokalisierung gleich-zeitig. Die Beziehungsstruktur zwischen Region und internationaler Welt verläuft nicht mehr vertikal, sondern horizontal.

Beate Kohler-Koch beschreibt wie Albert zunehmende Ent-Grenzungsprozesse der materiellen und immateriellen Austauschbezie-hungen[20]. Ent-Grenzung der Wirtschaftswelt bei gleichzeitig fortbeste-henden Grenzen politisch verantwortlichen Handelns führten zu einer Be-Grenzung der staatlichen Akteure. Private Akteure können den natio-nalen Handlungsraum verlassen und in den internationalen Raum wech-seln. Die staatlichen Akteure können ihnen nicht folgen. Obwohl die Staaten nach Kohler-Koch den Internationalisierungsprozess durch marktliberale Maßnahmen selbst ausgelöst haben, befinden sie sich in einem *Dilemma*: Die auf nationaler Ebene aufgegebenen Steuerungsop-tionen können im Falle Europas nur noch innerhalb des europäischen Mehrebenensystems mit supranationalen und transnationalen Regimes zurückgewonnen werden. Mit strategischem Handeln auf europäischer und internationaler Ebene ist Regieren prinzipiell möglich. Auf der über-staatlichen Ebene können die staatlichen Akteure den Prozess der Glo-balisierung vorantreiben und mit aktiven Eingriffen in bestimmte Bahnen

---

[20] Vgl. Beate Kohler-Koch: Regieren in entgrenzten Räumen, S. 14 ff. Und: Beate Kohler-Koch: Politische Unverträglichkeit von Globalisierung.

lenken. Damit können Ausgestaltung, Richtung und Tempo gelenkt werden.

Michael Zürn schließt sich der skeptischen Betrachtung nationalstaatlicher Einflussmöglichkeiten an und beschreibt die Lösung des macht- und steuerungspolitischen Dilemmas mit dem *Regieren jenseits von Nationalstaaten*.[21] Er kommt zu dem Schluss, dass die Nationalstaaten die vier zentralen Regierungsaufgaben demokratischer Wohlfahrtsstaaten (Sicherheit, soziale Wohlfahrt, Identität und Legitimation) nicht mehr erfüllen können. Schuld daran haben die fortschreitende gesellschaftliche De-Nationalisierung und die wirtschaftliche Globalisierung. Das Regieren im Sinne des amerikanischen Begriffes *governance*[22] (vgl. Kapitel B 2.3.1) soll den übergeordneten Zentralinstanzen überlassen werden.

## 2.2.   Stärke und Kooperation

*„Die Globalisierung schwächt nicht die Rolle der Territorialstaaten, sondern stärkt sie."*[23] Diese Aussage über zunehmende wirtschaftliche Verflechtung der Wirtschaft überrascht, vergleicht man sie mit den Forschungserkenntnissen des vorigen Kapitels. Ihr Autor Werner Link untermauert diese Aussage mit weiteren Thesen:[24]

- Der Regionalismus ersetzt nicht, sondern bestätigt den Territorialstaat.

- Die Politik der Staaten erfährt durch Internationalisierung einen Bedeutungszuwachs. Der Staat bleibt die bedeutende Entscheidungsinstanz

- Durch Internationalisierung nimmt die globale Zusammenarbeit zu.

---

[21]   Vgl. Michael Zürn: Gesellschaftliche Denationalisierung und Regieren in der O-ECD-Welt. S. 91ff. Und Michael Zürn: Regieren jenseits des Nationalstaats. Einleitung.

[22]   Vgl. Richard Rosenau/Ernst-Otto Czempiel (Hrsg.): Governance without Government; Beate Kohler-Koch: Die Welt regieren ohne Weltregierung. S. 121ff. Und Lars Brozus/Michael Zürn: Globalisierung - Herausforderung des Regierens.

[23]   Werner Link: Nationalstaatliche Politik unter neuen Bedingungen. S. 20.

[24]   Ebd. und Werner Link: Die Neuordnung der Weltpolitik, Kapitel IV.

- Staaten kooperieren mit dem Ziel, sich und den Wohlstand der Bürger zu erhalten.

In Links Ansatz ist der Staat die zentrale Instanz: Sie verschließt sich der Internationalisierung nicht, sondern geht zum Machterhalt und zur Wohlfahrtssicherung auf verschiedenen Ebenen Kooperationen ein. Mit finanziellen Förderungen zukunftsträchtiger Industriesektoren wird die nationale Wirtschaft stimuliert und werde Investitionsanreize geschaffen. Ein Teil des Forschungs- und Markteintrittsrisikos im Ausland geht auf den Staat über. Die Unternehmen nehmen die Leistungen des Staates entgegen und binden sich im Gegenzug durch vereinbarte Kooperationssysteme enger an den Staat. Die Kooperationssysteme sind in diesem Ansatz das zentrale Steuerungsinstrument. Kooperationen geht der Staat auf der zwischenstaatlichen wie auf der staatlich-privaten Ebene ein.

(1) Auf der zwischenstaatlichen Ebene werden die Spielregeln der internationalen Ökonomie ausgehandelt und es wird versucht für die eigene Wirtschaftsstruktur die besten internationalen Rahmenbedingungen auszuhandeln. (2) Auf der staatlich-privaten Ebene werden Kooperationsnetzwerke geschaffen, die ihren Ausdruck in gemeinsamen Auslandsbesuchen, gleichzeitig stattfindenden internationalen Manager- und Regierungskonferenzen und Messeunterstützungen durch die Politik finden. Link fasst den staatlichen Wandel durch Internationalisierung mit der *„Selbstbehauptung des Staates im Globalisierungsprozess durch die Schaffung günstiger Standort- und Wettbewerbsbedingungen im Innern und durch internationale Kooperation - auf globaler wie auf regionaler und interregionaler Ebene"*[25] zusammen.

Hanns W. Maull untersucht wie Zürn die Leistungsfähigkeit von Nationalstaaten unter dem Eindruck von Internationalisierung. In seiner Akteursanalyse[26] unterscheidet er staatliche Akteure, die traditionell der Sicherheitspolitik verpflichtet sind, und private Akteure (BINGO, INGO) die Wohlfahrt im weitesten Sinne anstreben. Er kommt zu folgenden Er-

---

[25] Werner Link: Die Neuordnung der Weltpolitik, S. 68.

kenntnissen: (1) Immer mehr Akteure bestimmen die internationalen Beziehungen. Die Interaktionsdichte zwischen den staatlichen und gesellschaftlichen Akteuren nimmt zu. (2) Die Verdichtungsprozesse beziehen sich vor allem auf entwickelte Industrienationen. (3) In den letzten Jahrzehnten hat eine Machtverschiebung weg von den Staaten und hin zu wirtschaftlichen und gesellschaftlichen Akteuren begonnen. Dies hat zwei Ursachen. Zunächst haben gesellschaftliche Akteure durch die wirtschaftliche und technologische Entwicklung mehr Kompetenzen und Handlungsmöglichkeiten. Daraus folgt eine Krise der staatlichen Autorität. Die Öffentlichkeit ist in den entwickelten Industriestaaten durch die Aufwertung des privaten und wirtschaftlichen Bereichs nicht mehr über Repressionen oder starke Hierarchien zu kontrollieren, sondern nur noch durch Dialoge und Einbindung zur Kooperation mit dem Staat bereit. (4) Trotz der Machtverschiebung bleibt der Staat die zentrale Instanz zur Bündelung sozialer Macht. Er verändert sich jedoch und *„fungiert nicht mehr primär als letztinstanzliche, autonome Entscheidungseinheit, sondern als strategisch platzierte Vermittlungsinstanz zwischen subnationalen und supranationalen Politik-Anforderungen."*[27]

Maull beantwortet die Frage, wer in Deutschland die Rolle der Interessensagenten übernehmen könnte, die zur Durchsetzung spezifischer wirtschaftlicher und gesellschaftlicher Interessen in Erscheinung treten, mit dem Hinweis auf substaatliche Akteure. Er nennt Landesregierungen, Kommunen, Parteien, Verbände und Unternehmen und bescheinigt diesen, dass sie durch Internationalisierung im größeren Ausmaß als zuvor die Möglichkeit haben, selbst direkt grenzüberschreitend aktiv zu werden, und damit am Bundesstaat vorbei agieren können.[28]

## 2.3.  Modernisierungskonzepte

Die beiden vorangegangenen Ansätze unterschieden sich vor allem in ihren Aussagen über die Funktion staatlicher Akteure unter dem Einfluss

---

[26]  Hanns W. Maull: Welche Akteure beeinflussen die Weltpolitik? S. 369.
[27]  Ebd. S. 380
[28]  Ebd.

der Internationalisierung. Das nachfolgende Kapitel stellt Lösungsansätze im Prozess der Ent-Grenzung dar. Die Ansätze, die den Staaten den Ausweg in eine übergeordnete Ebene lassen, und die Ansätze, die den Staat als den entscheidenden Vermittler betrachten, beschreiben beide notwendige Veränderungen. Diese Veränderung kann die Modernisierung des Staates sein. In diesem Abschnitt werden das *Governance-Konzept* und das *Private-Public-Partnership*-Modell als mögliche Modernisierungen des Staates dargestellt.

### 2.3.1. (Global) Governance

Herrschaft und Kontrolle ist die lexikalische Bedeutung des Begriffes *governance*. Für die Politikwissenschaft wurde der amerikanische Begriff governance von Rosenau und Czempiel[29] als *„die autoritative Formulierung und Durchsetzung allgemein verbindlicher Regeln"* definiert. Autoritative Formulierung und Durchsetzung ist die Koordination, Steuerung und Durchsetzung allgemeiner Regeln. Diese Aufgabe kommt traditionell dem Staat im Sinne der einheitlichen Verkörperung von Territorialität, Souveränität und Legitimität zu. Das Governance-Konzept sieht neben dem Staat, der wie oben gezeigt, die an ihn gestellten Aufgaben nicht mehr alle allein wahrnehmen kann, neue Akteure und neue Dimensionen des Regierens vor. Legitimität und Effizienz der Handlungen bestimmen die Politik. Die Legitimität der neuen Regierungsform wird durch die Verknüpfung von souveränitätsgebundenen und souveränitätsfreien Akteure erreicht.

(1) Die souveränitätsgebundenen Akteure sind durch demokratische Wahlen legitimierte staatliche Akteure und ihre Institutionen. Sie bringen demokratische Legitimität in den Prozess ein. (2) Souveränitätsfreie Akteure sind gesellschaftliche Vertreter. Zu diesen gehören Unternehmen, Wissenschaft, internationale Organisationen und NGOs. Diese legitimieren Regieren mit gesellschaftlichem Konsens.

---

[29]  Richard Rosenau/ Ernst-Otto Czempiel (Hrsg.): Governance without Government.

Handlungseffizienz wird dadurch erreicht, dass Interaktionsmuster zwischen allen Ebenen geknüpft werden. Anstehende Aufgaben werden jeweils auf der Ebene gelöst, auf der sie auftreten. Es gibt also Netzwerkelemente, die sich auf der kommunalen Ebene oder auf der suprastaatlichen Ebene befinden. Genauso gibt es Netzwerkelemente, die losgelöst von einer bestimmten Staatlichkeit ein Aufgabengebiet global lösen. Die Besetzung des Netzwerkes wird nicht aufgrund von Machtaspekten, sondern nach Problemlösungskompetenz entschieden.

### 2.3.2. Private-Public-Partnership

Die Private-Public-Partnership (PPP) ist ein Modernisierungskonzept, das sich weniger auf die internationale und vielmehr auf die gesellschaftliche Ebene des Regierens bezieht. Im Rahmen dieser Arbeit kommt ihr die folgende Begriffsbedeutung zu:

> Private-Public-Partnership werden Kooperationsformen zwischen öffentlichen und privaten Akteuren genannt. Die gemeinsame Zusammenarbeit manifestiert sich in Strukturen, auf denen eigens legitimierte Vertreter des staatlichen Sektors mit Vertretern des privaten Sektors verbindliche Vereinbarungen treffen.

Die Ziele der gemeinsamen Arbeit sind durch Erfahrungsaustausche und gegenseitige Informationen (1) Synergien zu schaffen, (2) die anstehenden Aufgaben gemeinsam besser zu bewältigen und (3) mittelfristig auf Strukturwandel reagieren zu können.

Mit der PPP, auch *Public Management* oder *New Public Management* genannt[30], bietet sich die Chancen, überkommene Verwaltungsprozesse durch neuartige administrativ-organisatorische Umsetzungen zu ersetzen. Damit entwickeln sich marktgesteuerte, kundenorientierte Dienst-

---

[30] Vgl. Jörg Bogumil: Modernisierung des Staates durch Public Management. S. 21ff.

leistungen. Legitimiert werden die neuen Akteure für die staatliche Ebene durch Delegierung politischer Macht auf halb-staatliche (öffentliche) Institutionen. Auf Seiten der Gesellschaft bietet sich eine Beteiligung der verfassten Wirtschaft, Arbeitnehmerverbände und Forschung an. Edgar Grande geht davon aus, dass der Staat nur durch die notwendige Modernisierung die komplexen Aufgabenstellungen in einer globalisierten Welt erfüllen kann.[31] Neues öffentliches Management soll privatwirtschaftlichen Strukturen in Verwaltungen und Behörden Einzug verschaffen[32] und damit moderne horizontale Beziehungsmuster entwickeln. Kooperative Arrangements[33] von staatlichen, halbstaatlichen und privaten Akteuren befähigen damit den Staat als Dienstleister die notwendigen Anpassungen herbeizuführen.

## 3. Zwischenresümee

Die vorgestellten theoretischen Ansätze haben gezeigt, dass es noch keine dominierende Theorie über den Einfluss von wirtschaftlichen Verflechtungen auf Staaten gibt. Der Begriff *Internationalisierung* für diesen Prozess lässt eine Einbeziehung staatlicher Instanzen als relevante Akteure auf allen Ebenen zu. Der *Regionalisierungs-Ansatz* beschäftigt sich mit Aktionen zwischen den nationalen und supranationalen sowie transnationalen Ebenen. Er fragt nach Zustandekommen dieser Kooperationsformen und schätzt die nationalen Problemlösungskompetenzen gering ein. Die *Globalisierung* schließt im Sinne der gewählten Definition aktives Eingreifen staatlicher Akteure aus und suggeriert einen globalen wirtschaftlichen Prozess. Anpassungsmaßnahmen werden an übergeordnete Ebenen abgegeben. Der Globalisierungsansatz lässt in der Regel keine horizontale Machtaufteilung auf (sub-) nationaler Ebene zu.

---

[31] Vgl. Edgar Grande/Burkhard Eberlein: Modernisierung des Staates? - Zur Einführung. S. 9 ff.

[32] Auf das Verhalten von Behörden bei Veränderungen wird in Kapitel C. 2. eingegangen.

[33] Vgl. Rüdiger Voigt: Ende der Innenpolitik? Politik und Recht im Zeichen der Globalisierung. S.4.

Germann, Rürup und Setzer bezweifeln, dass es sich dabei wirklich um einen globalen Prozess handelt und bezeichnen den Befund einer Globalisierung als rein theoretisch, da nie alle Länder und Märkte der Erde von der wirtschaftlichen Verflechtung gleichzeitig erfasst werden.[34] Tatsächlich betrifft die wirtschaftliche Verflechtung vor allem OECD-Staaten und die Länder der Triade Nordamerika, Westeuropa und Ostasien (plus einige Schwellenländer)[35]. Diese etwa 30 Staaten sind ein kleiner Teil der Uno-Welt, machen aber ca. 90 Prozent des Welthandels aus. *Substaatliche Regionalisierung* bietet als Analyseperspektive für die Beantwortung der Forschungsfrage sowohl einen Fokus auf verschiedenen Ebenen innerhalb von Regionen und Nationalstaaten, als auch für die Beobachtung von staatlichen und gesellschaftlichen Aktionen. Die möglichen Rollen substaatlicher Regionen und die präferierten Politikstile ergeben sich aus den aufgezeigten Handlungsoptionen.

Mit dieser Erkenntnis empfehlen sich die Ansätze, die dem Staat eine wichtige Rolle bei der Anpassung an den ökonomischen Wandel zuweisen, mehr als der Be-Grenzungsansatz, der die Akteure auf Landesebene kaum betrachtet. Die vorgestellten Aussagen über staatliche Handlungskompetenzen machten es notwendig, Modernisierungsmodelle für Politikverarbeitung darzustellen. Das (Global-) Governance-Konzept bietet sich eher für Nationalstaaten als Lösungsinstrument an. Die privatöffentliche Partnerschaft scheint vor allem für untere Ebenen, bei denen die Akteurstruktur überschaubar ist und gegenseitiges Vertrauen vorherrscht, als Modernisierungskonzept angemessen zu sein

---

[34] Harald Germann/Bert Rürup/Martin Setzer: Globalisierung der Wirtschaft. S. 24.
[35] Vgl. Werner Link: Die Neuordnung der Weltpolitik, S. 70ff.. Und: Stefan A. Schirm: Antworten auf Globalisierung. S.3.

# - Teil C -

## Außenwirtschaftspolitik - Forschungsstrategien für die empirische Vergleichsstudie

Substaatliche Regionalisierung ist eine der möglichen Reaktionen auf die Einflüsse der Internationalisierung. Wie sich dieser Prozess mit Hilfe der Außenwirtschaftspolitik seit Anfang der neunziger Jahre des letzten Jahrhunderts entwickelt hat, soll in diesem Teil am Beispiel der Bundesländer Baden-Württemberg und Niedersachsen dargestellt werden.

## 1. Auswahl der Regionen

In Europa gibt es eine Reihe Territorien, die als substaatliche Regionen bezeichnet werden können. Dazu zählen zum Beispiel die europäischen Partnerregionen Baden-Württembergs und andere Regionen, die im Ausschuss der Regionen (AdR) organisiert sind.[36] Für einen Vergleich der Außenwirtschaftsförderung substaatlicher Regionen muss eine Auswahl getroffen werden. Der Schwerpunkt der Analyse liegt bei Baden-Württemberg. Der Schwerpunkt des Vergleichs betrifft die Vergleichsregionen Baden-Württemberg und Niedersachsen. Diese systematische Auswahl erfolgte nach dem „most similar sytem" von Przeworski und Teune[37]. Die ausgewählten Länder gleichen sich in wichtigen Punkten. Gleichzeitig sind Unterschiede zu erwarten, die gerade bei der Untersuchung von Außenwirtschaftspolitik von großem Interesse sind.

Niedersachsen ist wie Baden-Württemberg ein Flächenstaat. Beide Länder sind in ihrer Größe vergleichbar. Beide Länder sind Zusammen-

---

[36]  Die Partnerregionen Baden-Württembergs sind Katalonien, Lombardei, Rhône-Alpes (und das assoziierte Wales). Sie bilden zusammen die so genannten „Vier Motoren für Europa". Die im Kapitel 7 vorgestellte REGE-Studie stützt sich unter anderem auf die Vier-Motorenregionen und verglich diese mit wirtschaftlich schwächeren, nämlich Sizilien, Languedoc-Roussillon, Andalusien und Niedersachsen.

[37]  Przeworski, Adam/Teune, Henry: The Logic of Comparative Social Inquiry, New York 1970. S. 31ff.

schlüsse ehemals konkurrierender Territorien. Niedersachsen besitzt andere Wirtschaftsstrukturen als Baden-Württemberg. Während Baden-Württemberg 1998 als *„besonders wettbewerbsfähig mit leicht negativen Tendenzen"* eingestuft wurde, wies Niedersachsen in der Analyse Michèle Knodts nur eine *„mittlere Performance mit positiven Tendenzen"* auf. Zu diesem Ergebnis kommt Knodt in ihrer Arbeit „Tiefenwirkung europäischer Politik", in der sie die niedersächsische und baden-württembergische Forschungs- und Technologiepolitik miteinander vergleicht. Zur Illustration der Wettbewerbsfähigkeit deutscher Bundesländer wird auf dieses Forschungsergebnis zurückgegriffen. In der Analyse Knodts wurden die Bundesländer auf dreizehn Indikatoren untersucht, die sich in sieben Gruppen zusammenfassen lassen. Diese sind a) Wirtschaftskraft, b) Wirtschaftsstruktur, c) Außenhandel, d) Beschäftigung, e) Löhne und Gehälter, f) Forschung und g) Finanzielle Ressourcen der Landesregierungen.

Für den systematischen Vergleich wurden die Ausprägungen der Indikatoren auf ein standardisiertes Niveau gebracht mittels Clusteranalyse und Multidimensionaler Skalierung eingeordnet. Die Analyse ergab fünf Typen der Wettbewerbsfähigkeit.

Tab. C.1  Einstufung der Bundesländer nach Wettbewerbsfähigkeit.

|   | Beschreibung | Bundesländer |
|---|---|---|
| 1 | Besonders wettbewerbsfähig mit positiver Tendenz | Hamburg, Hessen |
| 2 | Besonders wettbewerbsfähig mit leicht negativer Tendenz | Baden-Württemberg, Bayern, Nordrhein-Westfalen |
| 3 | Wettbewerbsfähig mit leicht positiver Tendenz | Berlin, Niedersachsen, Rheinland Pfalz |
| 4 | Wettbewerbsfähig mit negativer Tendenz | Bremen, Schleswig-Holstein, Saarland |
| 5 | Nachzügler – nicht wettbewerbsfähig | Brandenburg, Mecklenburg-Vorpommern, Sachsen, Sachsen-Anhalt, Thüringen |

Quelle: Michèle Knodt: Tiefenwirkung europäischer Politik, S.66.

Der Ländervergleich wurde mit Daten aus den Jahren 1995 - 1996 angestellt. Unter Berücksichtigung der neueren weit positiveren wirtschaftlichen Entwicklung ist zu vermuten, dass sich die obige Einteilung in einzelnen Bereichen verändert darstellt. Die Beurteilung der Wettbewerbsfähigkeit stark exportabhängige Länder wie Nordrhein-Westfalen und Baden-Württemberg wies vor dem Hintergrund zurückgehender Ausfuhren eine negative Tendenz auf. Die Wirtschaften Hessens und der Hansestadt Hamburg sind vorwiegend im Bereich der Dienstleistungen tätig. Dieser war von den Krisen zu Beginn der neunziger Jahre weniger betroffen.

Fasst man die hier aufgeführten Vorannahmen über die beiden Vergleichsregionen zusammen, so ist zu erwarten, dass das norddeutsche Bundesland aufgrund seiner ökonomischen Grundvoraussetzungen und politischer Landschaft andere Interessen und andere Strukturen im Prozess der wirtschaftlichen Verflechtung ausgeprägt hat.

In Verlauf dieses Kapitels werden die aus den aufgestellten Hypothesen abgeleiteten Fragestellungen nach den Internationalisierungsauswirkungen für die beiden Vergleichsregionen untersucht. Wie hat sich Internationalisierung auf die Politik, Institutionen und die wirtschaftliche Performance der substaatlichen Regionen ausgewirkt? Gibt es Unterschiede in den Ländern, die sich auf die Strukturen der Außenwirtschaftspolitik und ihre Ausgestaltung auswirken?

**Betrachtungszeitraum**
Der Analysezeitraum konzentriert sich auf die neunziger Jahre des zwanzigsten Jahrhunderts. Bei Bedarf wird ein längerer Zeitraum von 1980 bis 2000 in die Analyse einbezogen. Dies wird wie folgt Begründet: (1) Erst seit den späten 80er Jahren wird Internationalisierung und Globalisierung von den politisch verantwortlichen Akteuren wahrgenommen. (2) Vor diesem Zeitpunkt gab es keine auffällige Außenwirtschaftsförderung in den Vergleichsregionen. (3) Ab diesem Zeitraum nahmen die wirtschaftlichen Verflechtungen weltweit zu. (4) Durch den politischen

Wandel in Europa, Krisen in den traditionellen Industrieländer und den Markteintritt asiatischer Staaten hat sich während des Zeitraums der internationale Wirtschaftsraum insgesamt verändert.

**Analysestrategie**

Zunächst werden die Strukturen der Vergleichsregionen Niedersachsen und Baden-Württemberg betrachtet. Die Entstehung der Länder, ihre politische und soziale Verfasstheit und die Struktur des verarbeitenden Gewerbes[38] sowie die Forschungsleistungen dienen für eine erste Bestandsaufnahme. Im zweiten Schritt werden die Außenwirtschaftskennzahlen miteinander verglichen und analysiert. Hier sollen mögliche Unterschiede in der Leistungsfähigkeit, Struktur und Zielrichtung des verarbeitenden Gewerbes Niedersachsens und Baden-Württembergs im Hinblick auf seinen relativen Marktanteile dargestellt werden. Grundlage für die Analyse der beiden Außenwirtschaftssysteme ist die Struktur der Wirtschaftsförderung und politischen Entscheidungsebenen in diesem Bereich. Neben der langfristigen Entwicklung politischer Fördermaßnahmen zur Stimulation von Exporten und Kompetenzverteilung zwischen den beteiligten Ministerien werden die ausführenden Institutionen untersucht. Hier wird gefragt, welche Programme und Maßnahmen es gibt. Gibt es partnerschaftliche Netzwerke, mit denen auf die Herausforderungen des wirtschaftlichen Wandels Antworten gegeben können? Wie werden Außenwirtschaftsinformationen für die Wirtschaft aufbereitet? Empfinden sich, die von den Regierungen beauftragten Stellen als Dienstleister für den Standort und werden sie zur Optimierung der außenwirtschaftlichen Situation selbst aktiv?

Nicht alle aufgeworfenen Fragen können hier befriedigend beantwortet werden. Die Analyse unterschiedlicher Politikstile über einen Zeitraum

---

[38] Hier wird lediglich der Handel mit Gütern betrachtet. Die Datenlage bei Gütern des verarbeitenden Gewerbes ist verhältnismäßig gut. Landesbanken, Statistische Landesämter und Regierungen bieten eine Vielzahl von Daten zum Güterverkehr. Dienstleistungsbilanzen auf Landesebene lagen für diese Arbeit nicht vor. Das Augenmerk der Außenwirtschaftsförderung ist auf das verarbeitende Gewerbe als „Jobproduzent" gerichtet.

von mehr als 15 Jahren, die Stärke des Wirtschaftseinflusses auf die Politik, gesellschaftliche Gegenwehr auf Liberalisierungsvorhaben – die Messung dieser Einflussfaktoren auf das System der Außenwirtschaftspolitik insgesamt überfordert den gewählten Analyserahmen. Vertiefende Studien der praktischen Abläufe vor Ort und eine standardisierte Beobachtung über einen längeren Zeitraum würden bessere Antworten auf die aufgestellten Fragen ergeben. In diesem Kapitel wird der Versuch unternommen, über die Schilderung der Förderstrukturen in Deutschland und in den beiden Bundesländern die aufgeworfenen Fragen nach den Internationalisierungseinflüssen auf substaatliche Regionen und die damit herbeigeführten (institutionelle) Veränderungen zu klären.

Zunächst folgt eine kurze Darstellung der deutschen Außenwirtschaftsförderung und der rechtlichen Spielräume für Außenwirtschaftspolitik in Deutschland. Danach werden die Wirtschaftsdaten der beiden Länder im Bereich Export, Direktinvestitionen und Handelsbeziehungen dargestellt und miteinander verglichen. Anschließend werden die staatlichen und privaten Akteure und Institutionen der substaatlichen Außenwirtschaft vorgestellt und die beiden Systeme miteinander verglichen.

## 2. Moderne Außenwirtschaftsförderung

Moderne Außenwirtschaft im Sinne einer Partnerschaft zwischen Staat und Unternehmen bedarf einer neuen und modernen Konzeption, um neben den Großunternehmen auch kleinen und mittleren Unternehmen Internationalisierung zu ermöglichen und damit die relative Position der substaatlichen Region zu festigen. Traditionell begnügten sich die westlichen Staaten im Bereich Außenwirtschaft mit Instrumenten der Regulierung, Kontrolle und Einflussnahme. Interventionistische Maßnahmen zur Protektion der eigenen Wirtschaft durch Zölle, Mengenbeschränkungen, Importbeschränkungen, Selbstbeschränkungen und Quoten auf der einen und Subventionen und Exportprämien auf der anderen Seite zeigen sich bei einer internationalisierten Weltwirtschaft als stumpfe Werkzeuge für eine nachhaltige Unterstützung heimischer Wirtschaft. Regierungen und ihre nachgeordneten Behörden sind mit den zunehmenden Waren- und Kapitalströmen der privaten Wirtschaft konfrontiert und liberalisieren ihre Außenwirtschaftspolitik ähnlich, wie es Veränderungen in den Unternehmensausrichtungen und Strategien der Privatwirtschaft weltweit gegeben hat. Moderne Außenwirtschaftsförderung verliert durch die Annahme dieser Rolle ihren traditionell interventionistischen Charakter und wandelt sich zur Dienstleistung an der Wirtschaft.

Was aber gehört zur Außenwirtschaftsförderung, wenn die alten Instrumente nicht mehr greifen und im Sinne der Partnerschaft zwischen Unternehmen und Staat neue Formen der Förderung angewendet werden? Schon im Jahre 1956 definierte Henzler *Exportförderung* als:

> *„Die Gesamtheit der Mittel- und Maßnahmen, die von dritter, und zwar vor allem obrigkeitlicher Seite ergriffen werden, um die heimische Exportwirtschaft in ihrem Bemühen zu unterstützen, Beziehungen zu ausländischen Absatzmärkten herzustellen, Exportaufträge zu erhalten und diese auszuführen."*[39]

---

[39]  Reinhold Henzler: Ausfuhrförderung. SP. 309-317.

Aus dieser Definition lassen sich einige Fragen ableiten. So zum Beispiel: Mit welchen Instrumenten und mit welchen Funktionen kann eine der internationalen Situation angepassten Exportförderung wirken? Wer kann mit welchen Methoden Kontakt zu ausländischen Märkten aufnehmen? Wer sind die obrigkeitlichen Stellen und wie sollen diese die Wirtschaft unterstützen? Zur Strukturierung der aufgeworfenen Fragen bietet sich die Aufteilung der Aktionen in maßnahmenorientierte und wettbewerbsorientierte Maßnahmen an. Maßnahmenorientiert bedeutet, dass Auslandsgeschäfte inländischer Unternehmen direkt unterstützt werden. Wettbewerbsorientierte Förderung zielt auf die Chancenverbesserung der Unternehmen auf dem internationalen Markt.

Die Förderungsverfahren selbst lassen sich in zwei Praktiken unterscheiden. Die indirekte, administrative Außenwirtschaftsförderung und die direkte Außenwirtschaftsförderung.

(1) Die *indirekte Förderung* besteht vor allem aus Maßnahmen zur Erlangung von Informationen über ausländische Staaten und ihre Märkte. Diese institutionell organisierte Informationsrecherche dient der mittelfristigen Förderung. Die Institutionen bauen Wirtschaftsdatenbanken auf und betreiben Marktanalysen.

(2) Die *direkte Außenwirtschaftsförderung* ergreift unmittelbare Maßnahmen zur Erleichterung oder Verbesserung der Internationalisierung von Unternehmen. Sie kann in eine materielle und eine funktionelle Ebene getrennt werden. Materielle Förderung bedeutet finanzielle Anreize zu geben. Der Staat beteiligt sich am unternehmerischen Risiko und trägt Kosten der Auslandsmaßnahmen. Funktionelle Maßnahmen sind Informations,- Beratungs-, Kontakt- und Vermittlungsaktivitäten für Unternehmen.

Die beschriebenen Förderungsleistungen auf der beratenden Ebene sind vor allem auf kleine und mittlere Unternehmen ausgerichtet. Grund für die Reduzierung auf die Ebene der KuMU ist, dass ihre Kosten für Informationsbeschaffung in der Relation zu den Kosten, die Großunternehmen entstehen, ungleich höher sind. Außenwirtschaftsförderung ist demzufolge ein Versuch, ungleiche Markteintrittschancen und Expansionsabsichten KuMU im Verhältnis zur Großindustrie zu erleichtern. Außenwirtschaftsförderung wird für diese Arbeit wie folgt begriffen:

> Zur Außenwirtschaftsförderung gehören alle Informations-, Beratungs- Kontakt- und Vermittlungsaktivitäten, die der Steigerung der internationalen Tätigkeit und Wettbewerbsfähigkeit von Unternehmen oder der Erweiterung zu international tätigen Unternehmen dienen. Hierzu zählen sämtliche staatlich intendierte Unterstützungsmaßnahmen, die auf die Erarbeitung und Durchführung von Internationalisierungsstrategien von Unternehmen gerichtet sind, d.h. die Förderung von direktem Export und Import, von Netzwerkkooperationen aufgrund von Verträgen, von strategischen Allianzen, von Netzwerkkooperationen durch Gemeinschaftsunternehmen und von Direktinvestitionen ins Ausland und Inland. [40]

Mit dieser Definition moderner Außenwirtschaftsförderung ist der Umfang für die Unterstützung des Aufbaus und der Stabilisation wirtschaftlicher Außenhandelsbeziehungen für die staatlichen und halbstaatlichen Institutionen vorgegeben. Auf strategischer, wie auf operativer Ebene müssen die dafür gebildeten Institutionen Unternehmen indirekt und direkt auf ihr Auslandsengagement vorbereiten. Ebenso müssen die Standortfaktoren im Land so verbessert werden, dass ausländisches Kapital investiert wird und ausländische Unternehmen sich ansiedeln.

Zunächst müssen sich die verantwortlichen politischen Entscheidungsträger entscheiden, welche Außenwirtschaftsziele verfolgt werden sollen und welche Institutionen in diesen Prozess eingebunden werden. Weiterhin müssen die nachgelagerten Fragen geklärt werden: Mit welchen personellen und finanziellen Freiräumen können die beauftragten Organisationen Partnerschaften mit der Wirtschaft eingehen? Wie dauerhaft

---

[40] Die Definition entstand in Anlehnung an die Definition Dietmar Ernsts in: Internationalisierung kleiner und mittlerer Unternehmen. S. 132.

ist das Engagement geplant und sollen die Beteiligten im Verbund mit anderen existierenden Förderstrukturen, auch außerhalb des eigenen Zuständigkeitsbereichs, betrieben werden? Die Formulierung dieser Fragen innerhalb des Staates ist der erste Schritt, um die Außenwirtschaftspolitik der wirtschaftlichen Internationalisierung anzupassen. Dadurch wird die passive Teilnahme des Staates an dem zunächst rein ökonomischen Prozess, zu einer aktiven. Dieser entscheidende Schritt hängt von den wirtschaftspolitischen Ansichten der Verantwortlichen über die Funktion des Staates und die Steuerungsfähigkeit der (nationalen) Wirtschaft. Traditionell liegt die Steuerungsebene bei den Regierungen und dem nachgelagerten Ministerialapparat.

Moderne Außenwirtschaftsförderung setzt auf einem niedriger gelegenen Niveau - auf halb-staatlicher Ebene an. Also auf einer Ebene, auf der private Akteure eine partnerschaftliche Beziehung mit den öffentlichen eingehen können. Inwieweit die vorgegebenen Bereiche der angestrebten Außenwirtschaft von einem oder mehreren dieser (halb-) öffentlichen Akteure betrieben werden soll und wie stark Regierungsvertretern beteiligt sein sollen, unterliegt dem Vertrauen der Auftraggeber (Regierung) in die neuen Formen der Wirtschaftsförderung.

Die Auftraggeber müssen sich entscheiden, ob bestehende Organisationen in die neue Konzeption eingebunden werden können. Ist dies nicht der Fall, müssen aus funktionalen Gründen die bestehenden Organisationen abgeschafft werden. Dieses konsequente Umstrukturieren widerstrebt dem anzunehmenden Verhalten von Administrationen, das nach Downs[41] auf Überleben, Wachstum und Streben nach Macht ausgelegt ist. Obwohl es den Bürokratien, so Downs weiter, zuvorderst um Bestandswahrung geht, sind sie nicht innovationsunfähig.

---

[41] Anthony Downs: Inside Bureaucracy. Vgl. Allisons Modell des bürokratischen Handelns, in: Jonathan Bendor/Thomas Hammond: Rethinking Allison´s Models.

## Bürokratisches Handeln

Anthony Downs politische Ökonomie nennt folgende Kriterien[42], die Innovationen in Bürokratien befördern:

(1)     Heterogene Überzeugungen der Mitglieder einer Bürokratie

(2)     Starker Innovationsdruck von außen

(3)     Technischer Wandel

(4)     Kontakte zur Wissenschaft

(5)     Häufiger Personalwechsel

(1) Unter dem Aspekt der Außenwirtschaftsförderung ist das erste Kriterium bei klaren Mehrheitsverhältnissen auf Regierungsebene und langjähriger Besetzung mit loyalen Bürokraten bzw. Verbündeten auf den wichtigen Positionen zu erreichen. (2) Starker Innovationsdruck ist durch die zunehmende Internationalisierung von Waren, Kapital- und Dienstleistungen und die wahrgenommenen staatlichen Steuerungsverluste gegeben. (3) Technischer Wandel in der Bürokratie ist nur bedingt gegeben. Seit einigen Jahren ist jedoch der Informationsaustausch durch die Verwendung des Internets und durch den Aufbau großer Datenbanken erheblich vereinfacht. Diese Funktionen gehören zu den Kernbereichen der (indirekten) Außenwirtschaftsförderung im Sinne von Dienstleistungen. (4) Moderne Außenwirtschaftsförderung stützt sich in ihren Vorhaben und Bewertungen von möglichen Aktionen auf Analysen und Daten, die von freien oder staatlichen Forschungseinrichtungen erhoben werden. (5) Personalwechsel an der Spitze von Verwaltungen erfolgt in Bürokratien meist nach Regierungswechseln oder auch nach einem Ministerwechsel. Das beschriebene Verhalten von Bürokratien lässt erwarten, dass aufbauend oder parallel zu alten Strukturen neue Förderformen entstehen.

---

[42]     Druwe, Ulrich: Politische Theorie, S. 236.

## 2.1. Das deutsche System der Außenwirtschaftsförderung

Das deutsche System der Außenwirtschaftsförderung ist geprägt durch ein breites Angebot auf vielen Ebenen. Neben europäischen Förderprogrammen gibt es im Sinne des Föderalismus Angebote der Bundesländer und der Bundesregierung[43]. Auf Bundesebene gibt es zwei Institutionen, die sich mit der Unterstützung der deutschen Wirtschaft im Ausland beschäftigen.

Die Aktivitäten der Außenwirtschaftsförderung des Bundes werden als *Drei-Säulen der Außenwirtschaftsförderung*[44] beschrieben:

Abb. C.1   3-Säulen der Außenwirtschaftsförderung

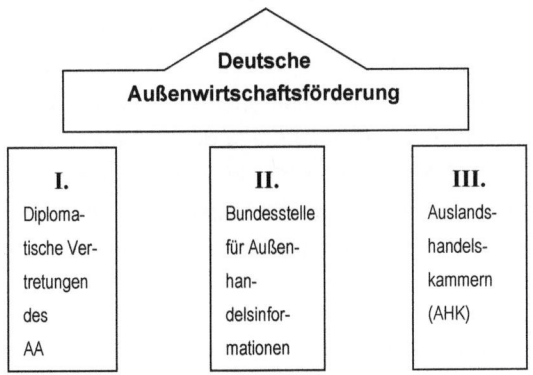

Eigene Darstellung

Zu **Säule I:** Die deutschen Auslandsvertretungen (Botschaften und Konsulate) des Auswärtigen Amts (AA) pflegen enge Kontakte mit den gastgebenden Staaten und fördern neben politischen Beziehungen die wirtschaftliche, kulturelle und wissenschaftliche Zusammenarbeit. Zu den wesentlichen Aufgaben der Vertretungen vor Ort gehört es, Informationen zu beschaffen, deutschen Unternehmen bei ihren Aktivitäten im Gaststaat zur Seite zu stehen und Delegationsreisen vorzubereiten und zu begleiten. Mit diesen Aufgaben hilft das AA der deutschen Wirtschaft

---

[43]   Siehe Anhang E. 1.2
[44]   Vgl. Auswärtiges Amt: Außenwirtschaftsförderung der Bundesregierung, Broschüre.

den Weg zu Auslandsmärkten zu ebnen. Nach Angaben der Bundesregierung sind nahezu die Hälfte aller Angehörigen der Auslandsvertretungen im höheren Dienst im Bereich Wirtschaft tätig.[45] Bei der Zusammenarbeit mit den Auslandshandelskammern und den Korrespondenten der Bundesstelle für Außenhandelsinformation übernehmen die Auslandsvertretungen die Pflege und den Kontakt zu den staatlichen Stellen in den Gastländern.

Zu **Säule II**: Die Bundesstelle für Auslandsinformationen (BfAi) ist eine Außenstelle des Bundesministeriums für Wirtschaft und Technologie und hat zum Ziel, vor allem kleinen und mittleren Unternehmen auf ihrem Weg zum Auslandsgeschäft behilflich zu sein. Die BfAi analysiert ausländische Märkte und bietet Informationen zu Formalien des Auslandsgeschäfts wie Zollbestimmungen und internationalen Verträgen. Die Bundesstelle beschäftigt zur Wahrnehmung der Aufgaben ca. 160 Mitarbeiter im Inland und 45 Marktbeobachter im Ausland. Das Angebot wird mit einem umfassenden Internetauftritt unterstützt, worin auf andere wichtige Akteure der Außenwirtschaftsförderung verwiesen und verlinkt wird.

Zu **Säule III**: Die Bundesregierung unterstützt die Außenhandelskammern (AHK) finanziell und institutionell. Sie sind Anlaufstellen für deutsche Unternehmen im Ausland. In über 70 Ländern betreuen 110 AHK-Büros deutsche Unternehmen bei ihren internationalen Tätigkeiten. Die Büros der Außenhandelskammern sind Einrichtungen wirtschaftlicher Selbstverwaltung. Die Außenhandelskammern sind in den folgenden Bereichen tätig:[46]

- Bereitstellung von Auskunftsdiensten
- Legislative und administrative Dienste
- Vertretung deutscher Messen im Ausland

---

[45] Ebd. Zu den Bereichen Wirtschaft zählen Entwicklungshilfe, Wissenschaft, Landwirtschaft und Finanzen.
[46] Angaben auf der Homepage der Außenhandelskammern.

- Markt- und Wirtschaftsanalysen
- Technologietransfer und Umweltschutz
- Handels- und Investitionsförderung
- Öffentlichkeitsarbeit und beruflichen Aus- und Weiterbildung.

Das *Drei-Säulen-Konzept* wird durch staatliche Garantien (Kapitalanlagegarantien), Förderprogramme bei Auslandsmessebeteiligungen und Hermes-Bürgschaften ergänzt. Die zitierte Broschüre „Außenwirtschaftsförderung der Bundesregierung führt neben den vorgestellten Institutionen und Maßnahmen auch die Deutschen Industrie- und Handelszentren (DIHZ) auf. Diese könnten neben den drei vorgestellten Pfeilern der deutschen Außenwirtschaftsförderung eine weitere Säule darstellen. Jedoch ist die Bundesregierung bisher noch nicht auf diese Form der Partnerschaft vor Ort eingegangen und unterstützt die Projekte nicht.[47]

Aus den vorgestellten Bereichen ergeben sich für den Bund vier Handlungsfelder für eine aktive Außenwirtschaftsförderung. Der Staat kann politisch aktiv werden, Maßnahmen im In- und Ausland fördern oder Risiken durch finanzielle Beteiligungen mildern.

---

[47] Vgl. Kapitel C.5.4. Die Informationsbroschüre kündigt an, dass „*soweit möglich – die Büros der Korrespondenten der BfAi in die DIHZ*" integriert werden sollen.

Tab. C.2  Bundes-Außenwirtschaftsförderung

| | Instrumente/ Maßnahmen |
|---|---|
| **Politische Unterstützung** | - Strategie und Zielentscheidung<br>- Spitzengespräche<br>- Administrative Anbahnung und Unterstützung<br>- Vereinbarung von Zusammenarbeit<br>- Handelserleichterung<br>- Aufenthalts- und Arbeitserlaubnis für ausländische Beschäftigte<br>- Vereinfachung von Prozessen<br>- Anpassung von Vorschriften für ausländische Unternehmen |
| **Maßnahmen im Inland** | - Informationsgespräche<br>- Datenbanken, Informationssysteme, Printmedien<br>- Marktanalysen<br>- Wirtschaftstage, Kontaktbörsen<br>- Fachthematische Veranstaltungen |
| **Maßnahmen im Ausland** | - Wirtschaftsdelegationen mit politischer Begleitung<br>- Informationsreisen<br>- Kontakt und Kooperationsbörsen<br>- Messeförderung |
| **Finanzdienstleistungen** | - Garantien<br>- Auslandskredite |

Eigene Darstellung

54

## 2.2. Rechtlicher Rahmen für außenwirtschaftliche Aktivitäten[48]

Welchen rechtlichen Spielraum haben die Länder bei ihrem außenwirtschaftliche Engagement und der Pflege außenpolitischer Kontakte zur Unterstützung der eigenen Wirtschaft? Der rechtliche Rahmen für Wirtschaftsförderung wird in der Europäischen Union, der Bundesrepublik und den Ländern untersucht.

### 2.2.1. Europäisches Recht

Der deutsche Staatsrechtler Hans Peter Ipsen erklärte in den 60er Jahren, *„dass Europa länderblind"* ist, also keine die Union oder die Außenbeziehungen betreffenden Aktivitäten der föderalen Elemente, Regionen und Landesteile vorsieht. Konsequent wäre es, wenn die Kompetenzschwäche der Bundesländer im Zuge des Binnenmarktes immer mehr zunehmen würde und substaatlichen Einheiten kaum eigene Wirtschaftskompetenz hätten. Wie die folgende Darstellung des Rechtsrahmens zeigt, sieht die Realität jedoch anders aus.

Die Union der derzeit 15 europäischen Mitgliedsstaaten achtet in Artikel 6 EU die nationale Identität der Staaten. Dieses Prinzip ermöglicht den Bundesländern Aktivitäten, solange sie konform mit europäischen- und bundesdeutschem Recht sind. Die Bedeutung der Bundesländer als Regionen ist durch die Schaffung des Ausschusses der Regionen nach Artikel 263 EG-V gestärkt worden. Nach dem Subsidiaritätsprinzip des Artikel 5 EG-V wird die Gemeinschaft nur tätig, sofern und soweit die Ziele der in Betracht gezogenen Maßnahmen auf Ebene der Mitgliedsstaaten nicht ausreichend erreicht werden können. Aus dem Subsidiaritätsprinzip haben sich in den Vertragstexten der EU an vielen Stellen Möglichkeiten der eigenständigen Aktivitäten von Mitgliedsstaaten und kleinerer Einheiten herausgebildet. So billigt der EG Vertrag in Artikel 87, Absatz 3,c)

---

[48] Dieses Kapitel entstand durch zahlreiche Hinweise und Erläuterungen von Jan Bergmann, Richter am Verwaltungsgericht Stuttgart.

Beihilfen zur Förderung der Entwicklung gewisser Wirtschaftszweige zu, soweit diese den Interessen der EU nicht zuwiderlaufen.[49]

Unter der Überschrift *Gemeinsame Handelspolitik* des EG-Vertrags bekennt sich die Europäische Union zur Liberalisierung der Außenwirtschaftspolitik und spricht von der schrittweisen Beseitigung der Beschränkungen im Handelsverkehr und vom Abbau der Handelsschranken. Der Artikel 132 spricht davon, dass Beihilfen für die Ausfuhr aus der Union schrittweise vereinheitlicht werden sollen. Artikel 133 geht auf die Angleichung der Ausfuhrpolitiken und handelspolitischen Schutzmaßnahmen ein. Die Normen in den Artikeln 131 bis 133 zielen unter dem Paradigma der Liberalisierung nicht auf neue, sondern auf weniger Möglichkeiten der Wirtschaftsprotektion und Abschirmung von auswärtigen Märkten. Die im Kapitel C.1. beschriebene Abstumpfung der alten außenwirtschaftspolitischen Maßnahmen wird demnach von der Europäischen Union über die gemeinsame Handelspolitik aktiv betrieben und erfordert neue Wege, damit die Interessen der Regierungen auf diesem Gebiet wahrgenommen werden. Die Europäische Union überlässt es den Mitgliedsstaaten, ob das Gemeinschaftsrecht von Bundes-, Landes- oder kommunalen Behörden umgesetzt wird.

### 2.2.2. Grundgesetz

In der deutschen Verfassung regeln die folgenden Artikel die Beziehung und Aufgabenverteilung zwischen Bund und Ländern im Bereich der Außenpolitik und Wirtschaftsbeziehungen. Artikel 23 regelt die Beziehungen zur Europäischen Union und billigt den Bundesländern die Beteiligung an der Willensbildung zu, soweit sie innerstaatlich zuständig sind, und regelt diese. Artikel 30 greift diesen Gedanken auf und bestimmt, dass die Ausübung der staatlichen Befugnisse und die Erfüllung der staatlichen Aufgaben grundsätzlich Sache der Länder ist, soweit das Grundgesetz keine andere Regelung trifft. Ihre auswärtigen Beziehungen können die Bundesländer, soweit sie für die Gesetzgebung zuständig

---

[49] Auf die Frage nach rechtlichen Kompetenzen Baden-Württembergs bei Kooperationen und Außenwirtschaftsförderungen bezog sich Georg Ris, SM BW auf diesen Artikel.

sind, wahrnehmen und mit Zustimmung der Bundesregierung eigene Verträge mit auswärtigen Staaten abschließen (Artikel 32(3)). Die Länder können nach Artikel 24 (1a) ihre staatlichen Befugnisse und hoheitlichen Bereiche mit Zustimmung des Bundes an grenznachbarschaftliche Einrichtungen übertragen. Die Artikel 70 bis 75 regeln die Gesetzgebung des Bundes und enthalten einen Katalog ausschließlicher Gesetzgebung des Bundes, konkurrierende Gesetze zwischen Bund und Ländern sowie Rahmengesetzgebung für das Bund-Länder-Verhältnis. Die immer noch nicht abschließende Regelung der Kompetenzen lassen Bund wie Ländern Auslegungsfreiheiten bei der Ausübung ihrer Befugnisse. Das Lindauer Abkommen von 1957 besagt, dass sowohl Bund als auch Länder zwar auf ihren Verfassungsauslegungen beharren, unter bestimmten Voraussetzungen aber miteinander kooperieren.

### 2.2.3. Landesverfassungen

Außenpolitische Aktivitäten von Landesregierungen stützen sich auf die Lücken in der Gesetzgebung von EU und Bund. Die Landeskompetenzen bei grenzüberschreitender Zusammenarbeit, kultureller und wissenschaftlicher Zusammenarbeit und Wirtschaftsförderung werden als Anbahnungsfelder für internationale Beziehungen der Länder mit Staaten und substaatlichen Regionen genutzt. Das Land Baden-Württemberg gab sich mit Änderung des Vorspruchs der Landesverfassung im Jahr 1995 den Auftrag „[...] den wirtschaftlichen Fortschritt aller zu fördern, und entschlossen dieses [...] Land als lebendiges Glied der Bundesrepublik Deutschland in einem vereinten Europa, [...] zu gestalten und an der Schaffung eines Europas der Regionen sowie der Förderung der grenzüberschreitenden Zusammenarbeit aktiv mitzuwirken, [...]."

Der Bereich der Außenwirtschaftsförderung gehört zur Wirtschaftsförderung und damit in Deutschland in den Kompetenzbereich der Länder. Wirtschaftsförderung wird in den Mittelstandsfördergesetzen (MFG) geregelt. Sie bilden die Rechtsgrundlage für alle existierenden Fördermaßnahmen im Bereich der Förderung der kleinen und mittleren Betriebe und der freien Berufe.

## a) Baden-Württemberg

Das neugefasste Gesetz zur Mittelstandsförderung vom vergangenen Jahr[50] ist eine modernisierte Version des damit gestrichenen MFGs von 1975. Es bildet die Rechtsgrundlage für die Fördermaßnahmen im Bundesland. Sein Zweck ist es *„im Interesse einer ausgewogenen Wirtschaftsstruktur die Wettbewerbsfähigkeit von Unternehmen der mittelständischen Wirtschaft im europäischen Binnenmarkt und globalen Wettbewerb zu fördern."*[51]. Zu diesem Zweck sollen vorrangig die wirtschaftlichen Rahmenbedingungen mittelstandsgerecht gestaltet werden. Hierzu zählen als ständige Aufgaben insbesondere auch die Privatisierung von Leistungen und Unternehmen der öffentlichen Hand sowie die Vermeidung und der Abbau von Vorschriften, die Investitionen und Innovationen hemmen. Zur Erreichung dieser Ziele setzt das Land seine Einrichtungen und Instrumente der Wirtschaftsförderung ein und stellt Mittel aus dem Landeshaushalt zur Verfügung. Der Grundsatz des Vorrangs privater Leistungen (Hilfe zur Selbsthilfe) hat immer noch Bestand. Mit der Ausdehnung der Förderung auf europäische und globale Ebene schafft die Landesregierung gewissermaßen eine Dienstleistung, die ein öffentliches Gut darstellt. Diese strukturelle Verbesserung der Rahmenbedingungen kann kein Selbsthilfeverein der verfassten Wirtschaft leisten.

Die im alten Mittelstandsförderungsgesetz fehlende Begriffsdefinition des Mittelstands wurde mit dem neuen Gesetz nachgeliefert:

> *Danach sind vorrangig Unternehmen der mittelständischen Wirtschaft förderungsfähig, die weniger als 250 Beschäftigte haben und deren Jahresumsatz maximal 40 Millionen Euro oder einer Jahresbilanzsumme von höchstens 27 Mio. Euro entspricht. Die Unternehmen dürfen nicht mehr als zu 25 Prozent ihres Kapitals oder der Stimmanteile im Besitz eines oder mehrerer größerer Unternehmen sein (§4).*

---

[50] Vorschriftendienst Baden-Württemberg: Gesetz zur Mittelstandsförderung vom 19. Dezember 2000.

Der Förderungskatalog des Gesetzes sieht in den Artikeln 11 bis 17 folgende Maßnahmen vor:

- Beratung von Unternehmen.

- Förderung wirtschaftsnaher Forschungseinrichtungen und technischer Entwicklung sowie deren Umsetzung in betriebliche Praxis sowie Förderung der Technologieberatung und Technologietransfer.

- Erschließung ausländischer Märkte. Insbesondere Unternehmensgruppen, Gruppenbeteiligungen an Fachmessen im Ausland sowie die Einrichtung und den Betrieb von Kontaktstellen im Ausland.

- Förderung von Mittelstandsuntersuchungen wie Branchen- und Markanalysen

- Unterstützung der Zusammenarbeit von Unternehmen in Form von Arbeitskreisen, Gemeinschaftseinrichtungen, Gemeinschaftsmaßnahmen, Unternehmenskooperationen und Zusammenarbeit von Unternehmen mit Institutionen, auch in Form von grenzüberschreitender Kooperation.

- Förderung von Messen und Ausstellungen.

- Zurverfügungstellung von Informationen und die Sammlung von Informationen.

Diese Maßnahmen des Förderkataloges entsprechen weitgehend den Programmen, die in der Übersicht C.5.2. systematisch dargestellt sind.

**b) Niedersachsen**

Das Gesetz zur Förderung kleiner und mittlerer Unternehmen Niedersachsens[52] sieht keine explizite Förderung von Aktivitäten im Ausland vor. Implizit sind Bemühungen für den Mittelstand auf diesem Gebiet im Grundsatz der Förderung des Wettbewerbs und einer ausgewogenen Wirtschaftsstruktur enthalten.

Mittelstand wird hier wie folgt definiert:

---

[51]  Ebd.
[52]  Gesetz zur Förderung kleiner und mittlerer Unternehmen in der Fassung vom 28.05.1993.

*Kleine und mittlere Unternehmen, die in den letzten drei Jah-*
*ren nicht mehr als durchschnittlich 250 Arbeitskräfte beschäf-*
*tigt haben oder einen durchschnittlichen Jahresumsatz von un-*
*ter 40 Millionen Deutsche Mark erzielt haben (Ausnahmen*
*sind möglich).*

Auch in Niedersachsen gilt der Vorrang der Selbsthilfe (§ 4). Eine staatliche Förderung setzt voraus, dass die antragstellenden Unternehmen
angemessene Eigenleistungen erbringen. Die verfasste Wirtschaft
(Kammern, Arbeitgeber- und Arbeitnehmerorganisationen) muss vor der
Festlegung von Maßnahmen gehört werden. Die geplanten Maßnahmen
müssen mit denen auf bundes- und europäischer Ebene abgeglichen
werden.

### 2.2.4.  Beurteilung der rechtlichen Kompetenzen

Die substaatlichen Regionen haben, neben ihren Möglichleiten im Ausschuss der Regionen und im Bundesrat, gerade in den Bereichen der
Wirtschaftspolitik, des kulturellen Austauschs, der Wissenschaft und der
Entwicklungshilfe reichhaltige Möglichkeiten, eine eigene nach außen
gerichtete Politik zu gestalten. Die Annahme dieser Rolle durch die Länder ist gewissermaßen fakultativ.

Beim Vergleich der beiden Mittelstandsgesetze fällt auf, dass Baden-
Württembergs Förderansatz eindeutig über die Binnenförderung hinaus-
geht und Hilfen für die heimische Wirtschaft im Ausland als eine zentrale
Aufgabe ins Zentrum der Maßnahmen stellt. Dabei werden Ziele definiert, die die private Wirtschaft im Zuge der Hilfe zur Selbsthilfe von
vornherein nicht erfüllen kann und den Staat gemäß seiner eigenen Gesetze in Verpflichtung nimmt. Der Vergleich beider Mittelstandsdefinitio-
nen zeigt, dass die Einstiegskriterien die an die baden-
württembergischen Unternehmen für eine Förderung angelegt werden,
weicher sind. Während in Niedersachsen drei Jahre in die Bemessung
einfließen und im Schnitt maximal 40 Millionen Umsätze erwirtschaftet
werden dürfen, ist in Baden-Württemberg nur das vorangegangene Jahr
bei der Beurteilung von Interesse. Der maximale Jahresumsatz, der die

Grenze zum Großunternehmen bemisst, ist mit 40 Millionen Euro genau doppelt so hoch wie in der Vergleichsregion. Jedoch hat die Beteiligung von Großbetrieben bei der Mittelvergabe nur in Baden-Württemberg eine Bedeutung.

## 3. Die Länder - Strukturen

### 3.1. Baden-Württemberg

Das Süd-West-Land Baden-Württemberg ist mit 35.756 km² flächenmäßig und nach Einwohnerzahl das drittgrößte der deutschen Bundesländer. Das Land ist, wie sich durch den Bindestrich im Landesnamen andeutet, ein Zusammenschluss mehrerer süddeutscher Territorien.[53] Grob gesagt setzt sich das im Jahr 1952 gebildete Land aus nord- und südbadischen Teilen, aus der Kurpfalz, dem ehemaligen Herzogtum Württemberg, Hohenzollern und Oberschwaben zusammen. Baden-Württemberg war in den Nachkriegsjahren einer der Wirtschaftspole der alten Bundesrepublik.

Durch die Öffnung des *Eisernen Vorhangs* veränderte sich seine Position in Deutschland. Das Bundesland rückte geografisch in die Mitte des vereinten Europas[54]. Baden-Württemberg ist ein dicht besiedeltes Bundesland mit einem Bevölkerungsanteil von 292 Einwohner pro km² (Bundesschnitt 268). Trotz der relativ hohen Einwohnerdichte spricht man von einem Flächenstaat. Rund zwei Millionen der 10,5 Millionen Einwohner Baden-Württembergers lebten 1999 in Städten mit mehr als 100.000 Einwohnern. Der überwiegende Anteil der Bevölkerung lebt in den über 1100 Gemeinden der insgesamt 35 Landkreisen. Das Bundesland selbst ist, in Anlehnung an seine historische Entwicklung, in vier große Regierungsbezirke aufgeteilt.

---

[53] Dieser zunächst künstliche Verbund heterogener Einzelstaaten bestimmt noch heute, 50 Jahre nach der Landesgründung, das Land. Die meisten infrastrukturellen Angebote sind mindestens zweifach (in Württemberg und Baden) vertreten.

[54] Das Land wirbt mit *„der zentralen Lage Baden-Württembergs in dem Herzen Europas"*. Vgl. Pressemitteilung WM BW vom 1.Juni 2001.

Seit der ersten Regierungsbildung 1952 gab es sechs große Regierungswechsel zwischen CDU-dominierter Koalition mit der FDP/DVP, Großer Koalition und konservativer Alleinregierung. Von sechs Ministerpräsidenten stellte die CDU fünf und die FDP/DVP den ersten Ministerpräsidenten. Unter Führung eines christdemokratischen Ministerpräsidenten wurde das Land insgesamt 46 Jahre regiert. Davon waren CDU und SPD insgesamt 17 Jahren in einer gemeinsamen Regierungskoalition. Betrachtet man die wirtschaftlichen Rahmendaten, so nimmt das Bundesland eine Spitzenposition in der Bundesrepublik ein. Das Bruttoinlandsprodukt je Erwerbstätigen betrug 1999 109.612 DM (Platz 4 BRD[55], ∅ 103.371). Die Bruttowertschöpfung im produzierenden Gewerbe betrug im selben Jahr 105.768 DM (Platz 4 BRD, ∅ 97.894).

Das Land weist vier große wirtschaftliche Verdichtungsräume auf (Stuttgart, Rhein-Neckarraum, Karlsruhe und Freiburg), die sich über das Land verteilen. Sie stehen in Wechselwirkung mit zahlreichen mittleren und kleineren Zentren. Die baden-württembergische Industrie ist traditionell auf Güterproduktion in den Bereichen Maschinenbau, Fahrzeugbau und Metallerzeugnisse spezialisiert. Neben diesen stark konjunktur- und exportabhängigen Konsum- und Anlagegütern gehören die Produktion von Papier- Verlags- und Druck-Erzeugnissen, die Elektro-, Medizin-, Mess-, Steuer- und Regelungstechnik, die Chemische Industrie und Landwirtschaft zu den wichtigen Branchen des Landes.

---

[55] Die ersten zwei Plätze werden von den beiden Stadtstaaten Hamburg und Bremen eingenommen.

Abb. C.2  Industrielle Branchenstruktur BW (Beschäftigungsanteile 1999)

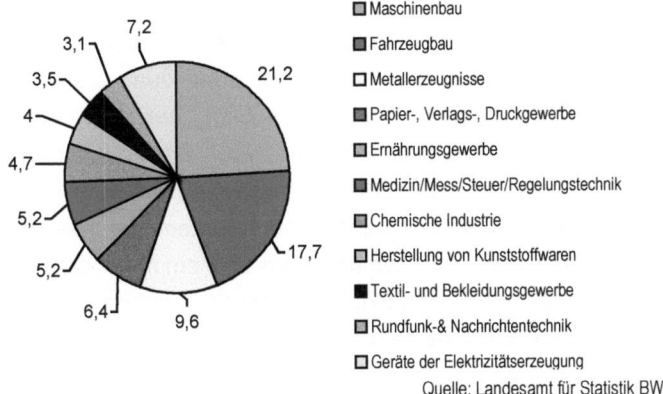

☐ Maschinenbau

■ Fahrzeugbau

☐ Metallerzeugnisse

■ Papier-, Verlags-, Druckgewerbe

☐ Ernährungsgewerbe

■ Medizin/Mess/Steuer/Regelungstechnik

☐ Chemische Industrie

☐ Herstellung von Kunststoffwaren

■ Textil- und Bekleidungsgewerbe

☐ Rundfunk-& Nachrichtentechnik

☐ Geräte der Elektrizitätserzeugung

Quelle: Landesamt für Statistik BW

Zum verarbeitenden Gewerbe zählten 1999 8.939 Industriebetriebe, bei denen 1.247 Tsd. Menschen beschäftigt waren. Diese Betriebe erwirtschafteten zusammen 422,5 Milliarden D-Mark Umsätze. 38,9% dieser Umsätze entstanden im Export von Waren. Die Automobilindustrie und der Maschinenbau dominieren in der Struktur des verarbeitenden. Im Fahrzeugbau sind neben dem größten Hersteller Daimler-Chrysler mit Fahrzeug-, Nutzmaschinen-, Omnibus- und Spezialfahrzeugbau, Porsche, Audi und andere (Nutz-) Fahrzeughersteller tätig. Die Angebotspalette der PKW-Hersteller zielte zu Beginn der 90er Jahre noch stark auf die Oberklasse. Inzwischen haben alle Produzenten ihr Angebotssegment in verschiedene Richtungen erweitert. Insgesamt wurde 1998 ein Viertel aller gefertigten PKW Deutschlands in Baden-Württemberg hergestellt.

Die Landesstiftung Baden-Württemberg GmbH beauftragte die Unternehmensberatung Roland Berger & Partner Ende der neunziger Jahre eine Studie über den Wirtschaftsstandort Baden-Württemberg zu erarbeiten.[56] Die Unternehmensberatung schlug eine „ganzheitliche Betrachtung" der Industriesektoren vor. Aus dieser Arbeit ging ein Cluster-Modell hervor, das in der Außendarstellung des WM BW zu einem 5-Bereiche-Modell weiterentwickelt wurde. Die Bereiche definieren sich als *thema-*

---

[56]  Roland Berger und Partner: Zukunftsinvestition in Baden-Württemberg.

*tisch gleich orientierte Netzwerke von Akteuren in Forschung und Indust-rie, die im Verbund wirtschaftliches Wachstum generieren.*"[57] Bei voll-ständiger Entwicklung decken die Cluster die gesamte Wertschöpfung von der Grundlagenforschung bis zur Vermarktung fertiger Produkte und Dienstleistungen ab. *„Schlüssel zum Erfolg innerhalb der Bereiche der baden-württembergischen Industrie wären offene Kommunikation, ma-ximale Information und das Vorhandensein aller notwendigen Partner."* Die Studie attestiert dem Land Baden-Württemberg in einigen wichtigen Industriebereichen Kernkompetenzen und empfiehlt gemäß dem Motto *„Stärken stärken"* die wirtschaftspolitischen Anstrengungen in diesen Be-reichen unter Einbeziehung der neuen Technologien (z.B. Bio- & Infor-mationstechnologie) auszubauen.

Tab. C.3   Fünf-Bereiche-Modell

| Kernbereiche | Zugehörige Branchen | |
|---|---|---|
| **Mobilitätsbranche** Fahrzeugbau und die damit verbundene Produktion | Metallherstellung und -verarbeitung, E-lektrotechnik Kunststoff- und Glasherstellung, Op-tik/Feinmechanik, Informationstechnologie | |
| **T.I.M.E.-Branche** | Telekommunikation, Informationstechno-logie, Medien, Elektronik | Fraunhoferinstitute, Max-Planck-Institute / DFG-Forschungsbereiche / Grundlagenforschung, wissenschaftliche Unterstützung |
| **Prozesstechnologie** Maschinenbau | Metallbearbeitung und -verarbeitung, Elektrotechnik/ Elektronik, Op-tik/Feinmechanik, Informationstechnolo-gie, Automation | |
| **Gesundheitssektor (Live Sciences)** Alle Industrien im Bereich Gesundheit/Leben | Pharmazie, Medizintechnik, Biotechno-logie (medizinische), Op-tik/Feinmechanik, Elektrotechnik/ Elekt-ronik | |
| **Umwelttechnik** | Biotechnologie (nicht-medizinische), Chemie, Optik/ Feinmechanik, Maschi-nen- und Anlagenbau, Elektronik/ Elekt-rotechnik | |

Quelle: GWZ Präsentations-CD, Market Studies, 1999

Die Darstellung Tab. C.3 ist der Standortwerbung des WM BW entnom-men und baut direkt auf die angesprochenen Erkenntnisse der Berger-Studie auf. Die Tabelle stellt die baden-württembergische Wirtschaft ganzheitlich dar, das heißt von der Forschung und Entwicklung über alle

---

[57]   Ebd. S. 23.

Schritte der Produktion bis zur Vermarktung. Die gewonnen Erkenntnisse dienen zur Außendarstellung des Landes als hoch kompetitive Wirtschaftsregion und dient nach innen zur Verdeutlichung der Kompetenzen.

Im Bereich der angesprochenen Hoch- und Spitzentechnologie[58], die im Wettbewerb der globalen Güter einen besonderen Stellenwert einnimmt, arbeiteten 1998 820.000 Beschäftigte.[59] Grundlegende Forschung und Entwicklung wird neben den privaten Einrichtungen der Industrie in den Universitäten und Instituten betrieben. Die universitäre Forschung ist an neun Standorten über das Bundesland verteilt. Daneben gibt es zweiundzwanzig staatliche Fachhochschulen. Fünfundzwanzig Prozent der deutschen DFG-Sonderforschungsbereiche, zwanzig Prozent aller Max-Planck-Institute und ein Drittel der Fraunhofer-Institute Deutschlands sind in Baden-Württemberg angesiedelt. 2,49% der Erwerbstätigen sind im Bereich Forschung und Entwicklung tätig (Bundesdurchschnitt 1,58%).[60] Die daraus folgende Innovationstätigkeit ergibt für das Jahr 1999 112 Patentanmeldungen pro 100 Tsd. Einwohner.[61]

## 3.2.  Niedersachsen

Das Bundesland Niedersachsen ist mit 47.351 km² flächenmäßig das zweitgrößte, nach Einwohnerzahl das viertgrößte der Bundesländer. Von allen alten Bundesländern hatte es die geringste Bevölkerungsdichte. Bis 1990 befand sich das Land in einer Randlage an der Grenze zur DDR und in relativ großer Entfernung zu den dominierenden bundesdeutschen Wirtschaftsräumen. Durch die deutsche Vereinigung und die demokratischen Prozesse in Osteuropa befindet sich das Bundesland nun in einer zentral-europäischen Lage. Aus dieser neuen Verortung in Europa ergaben sich seit 1990 zahlreiche politische und wirtschaftliche

---

[58]  Zur Begriffserläuterung vgl. C. 4.1.2.
[59]  Das sind 17,3 Prozent aller Beschäftigten in BW. Damit ist das Land in diesem Bereich führend in der Bundesrepublik. Vgl. WM BW: Standortargumentation des Landes Baden-Württemberg, S. 47.
[60]  Quelle: Statistisches Bundesamt und Statistisches Landesamt Baden-Württemberg.

Verbindungen nach Osteuropa. Zu den Stadtstaaten Hamburg und Bremen besitzt Niedersachsen geografisch wie wirtschaftlich ein besonderes Verhältnis. Die Beziehung zwischen den drei Ländern sind durch starke Binnenströme und Austausch gekennzeichnet. Niedersachsen wurde 1946 aus den Ländern Hannover, Braunschweig, Oldenburg und Schaumburg-Lippe gebildet. Trotz der über 50-jährigen Geschichte Niedersachsens weist das Land ein heterogenes Bild auf. Wirtschaftsgeografisch wird von einem starken Süd-Nordgefälle gesprochen. Außerhalb der wenigen großen Ballungsräume Hannover, Braunschweig, Osnabrück und Oldenburg leben die meisten der 7,85 Millionen Einwohner Niedersachsens in den 47 Landkreisen des Flächenstaates. Seit der ersten Regierungsbildung gab es zehn große Regierungswechsel. Von sieben Ministerpräsidenten stellte die SPD fünf, die CDU einen und die Deutsche Partei ebenfalls einen Ministerpräsidenten. Unter Führung eines sozialdemokratischen Ministerpräsidenten wurde das Land 40 Jahre (davon 10 Jahre in einer großen Koalition mit der CDU) regiert. Von 1976 bis 1990 wurde das Land von einer CDU-dominierten Führung regiert.

Unter wirtschaftlichen Gesichtspunkten nimmt das Bundesland eine mittlere Position der (alten) Bundesländer ein. Das Bruttoinlandsprodukt je Erwerbstätigen betrug 1999 102.414 DM (Platz 8 BRD, ∅ 103.371 DM). Die Bruttowertschöpfung im produzierenden Gewerbe betrug 1999 103.116 DM (Platz 6 BRD, ∅ 97.894). 1998 gab es in Niedersachsen 242.189 Unternehmen, davon 573 Großbetriebe mit mehr als 100 Millionen DM Umsatz. In den 20 größten Betrieben[62] arbeiteten 485.000 Personen. Die niedersächsische Industrie erreicht in ihrer Stärke nicht ganz den Bundesstandard.

---

[61]  1994 waren es 81 Patente pro 100 Tsd. Einwohner.
[62]  Dazu gehören die Volkswagen AG, Continental AG, Salzgitter GmbH, Preussag AG, Karmann GmbH, Blaupunkt, MAN.

Abb. C.3  Industrielle Branchenstruktur NdS (Beschäftigungsanteile 2000)

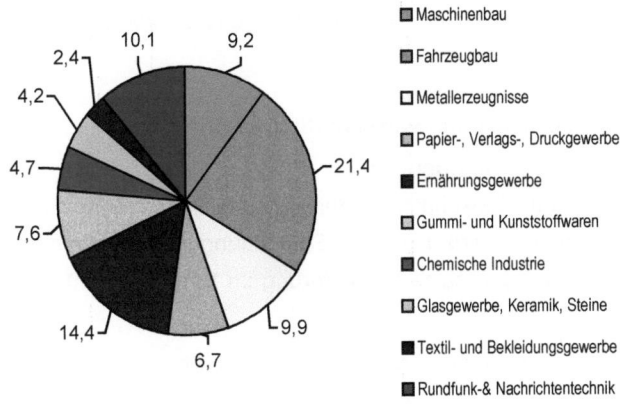

☐ Maschinenbau

☐ Fahrzeugbau

☐ Metallerzeugnisse

☐ Papier-, Verlags-, Druckgewerbe

■ Ernährungsgewerbe

☐ Gummi- und Kunststoffwaren

■ Chemische Industrie

☐ Glasgewerbe, Keramik, Steine

■ Textil- und Bekleidungsgewerbe

■ Rundfunk-& Nachrichtentechnik

Quelle: Landesamt für Statistik NdS

Die Automobilbranche bestimmt mehr als 20 Prozent der Arbeitsplätze im verarbeitenden Gewerbe. Gefolgt wird der Fahrzeugbau von der Nahrungsmittelproduktion und -verarbeitung (14,4%), der Herstellung von Metallerzeugnissen (9,9%) und dem Maschinenbau (9,2%). 1998 gab es in Niedersachsen 4.215 Industriebetrieben mit 560.175 Industriebeschäftigten. Diese Betriebe erwirtschafteten 235,2 Mrd. DM Industrieumsätze. 36,0% der Umsätze entstanden mit dem Export von Waren.

Zu Beginn der 90er Jahre haben sich in der Branchenstruktur Veränderungen ergeben. Arbeitsplätze in Großbetrieben wurden abgebaut. Besonders die traditionell starken Sektoren Maschinenbau und Elektrotechnik waren davon betroffen. In diesem Zeitraum hat die Nahrungsmittelindustrie seine Bedeutung für die niedersächsische Industrie ausgebaut und beschäftigt jetzt mehr als 13,5% aller Erwerbstätigen (1990: 10,6%) des verarbeitenden Gewerbes. Die Elektroindustrie verlor im Verhältnis an Bedeutung. 10,3 Prozent aller Beschäftigten waren 1998 im Hochtechnologiebereich beschäftigt. In dieser Kategorie nimmt Niedersachsen den 5. Platz der Bundesländer ein. Es gibt an den großen Universitätsstandorten Göttingen, Hannover, Braunschweig u.a. insgesamt 11 Hochschulen und sechs Fachhochschulen. Die Forschungs- und Entwicklungslandschaft wird zudem durch sieben Max-Planck-Institute, drei Fraunhofer-Institute und zwei Großforschungsein-richtungen repräsentiert. Im Jahr 1999 gab es insgesamt 43 Patentan-meldungen pro 100 Tsd. Einwohner.

### 3.3.  Vergleich der wirtschaftlichen Entwicklung

### 3.3.1.  Bruttoinlandsprodukt

Für eine erste Einschätzung der wirtschaftlichen Entwicklung der Ver-gleichsregionen wird hier die Entwicklung des Bruttoinlandsprodukts (BIP) pro Kop und seine Veränderung im Vergleich zum Vorjahr darge-stellt.

Abb. C.4   BIP pro Kopf und Veränderungen gegenüber dem Vorjahr

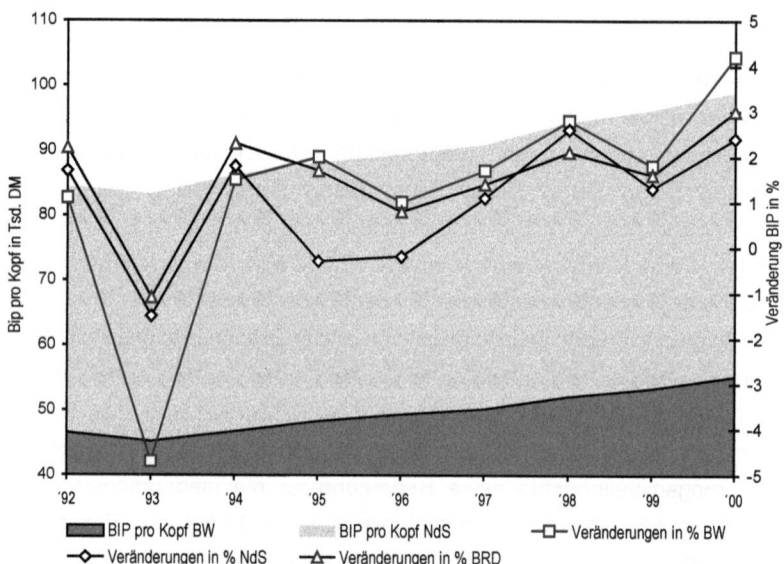

Quelle: Eigene Darstellung nach Angaben der statistischen Landesämter

Bei der Betrachtung der prozentualen Entwicklung des Bruttoinlandspro-dukts fällt auf, dass in Baden-Württemberg der Einbruch zu Beginn der neunziger Jahre am stärksten war. Das Bruttoinlandsprodukt ging um fast fünf Prozent zurück, während in Niedersachsen und der Bundesrepublik insgesamt die Entwicklung relativ stabil blieb. Trotz der massiven Rückgänge im Jahr 1992 - 1993 erholte sich die baden-württembergische Wirtschaft und verzeichnete ab 1994 bis heute überdurchschnittliche Steigerungen. Während sich für Niedersachsen das Niveau des Bruttoinlandsprodukts pro Kopf von 37,9 Tsd. DM 1992 auf 43,8 Tsd. DM in einer Auf- und Abwärtsbewegung steigerte, zog der Wert in Baden-Württemberg von 46,5 Tsd. DM auf über 55.200 DM an.

### 3.3.2. Arbeitslosigkeit

Die Arbeitslosenquoten[63] in den beiden Vergleichsregionen und im Bundesdurchschnitt verliefen bis 1997 in etwa gleich. Bedingt durch die externen und internen Einflussfaktoren auf die Volkswirtschaft[64] stieg der Anteil Erwerbsloser an der Gesamtbevölkerung rasant an. Erst Mitte 1997 entspannte sich der Arbeitsmarkt wieder und die Quoten sind rückläufig

Abb. C.5  Arbeitslosenquote 1990 – 2000

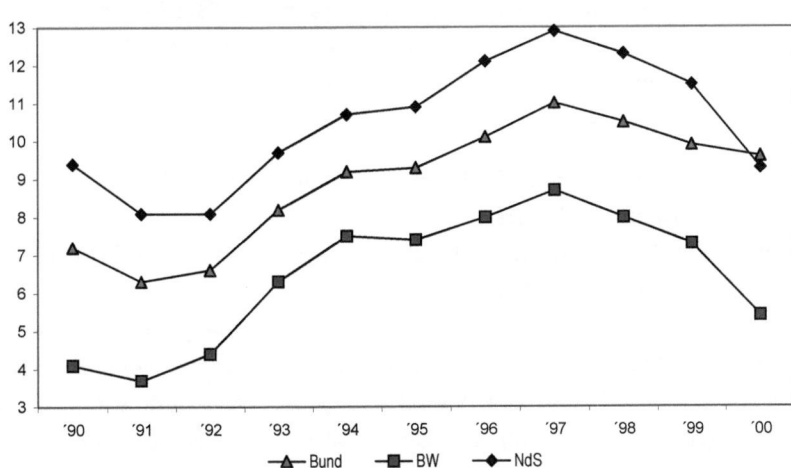

Quellen: Eigene Darstellung nach Bundesanstalt für Arbeit und Statistisches Landesamt BW

---

[63] Die Arbeitslosenquote ist der Anteil der beim Arbeitsamt registrierten Arbeitslosen an den abhängigen zivilen Erwerbspersonen, ausgedrückt in Prozent.

[64] Vgl. auch Kapitel C 4.

In Baden-Württemberg gab es im Vergleichszeitraum einen nie da gewesenen Höchststand der Arbeitslosigkeit von 8,7 Prozent im Jahr 1997. Gründe für diese starke Zunahme sind zunächst die wirtschaftlichen Probleme, auf die im folgenden Kapitel eingegangen wird. Ein zweiter Grund für die Verdopplung der Arbeitslosigkeit ist die starke Bevölkerungsentwicklung. Zwischen den Jahren 1990 und 1994 erhöhte sich die Bevölkerungszahl um 351 Tsd. (bis zum Jahr 2000 gab es einen Anstieg um insgesamt 0,51 Millionen Einwohner auf 10.4 Millionen). Seit dem Jahr 1997 ist die Arbeitslosigkeit in Baden-Württemberg rückläufig und betrug im Jahr 2000 nur noch 5,4 Prozent.

In Niedersachsen fiel die Arbeitslosenquote zwischen 1990 und 1992 zunächst auf nur noch 8,1 Prozent und stieg dann bis zum Jahr 1997 sehr rasch und stärker als im Bundesdurchschnitt auf fast 13 Prozent an. Auch in Niedersachsen wird die Bevölkerungsentwicklung als einer der Faktoren für die Erwerbslosigkeit angeführt. Die Gesamtbevölkerung verzeichnete von 1990 bis 1994 einen Anstieg von 143.000. Seit 1997 fällt die Arbeitslosenquote wieder. Im vergangenen Jahr fiel sie zum ersten Mal während des gesamten Beobachtungszeitraums unter den Bundesdurchschnitt.

4.    **Außenwirtschaftsdaten    Baden-Württembergs    und Niedersachsens**

In Deutschland herrschte Anfang der neunziger Jahre die Befürchtung einer anhaltenden Exportschwäche. Die Exportentwicklung des verarbeitenden Gewerbes war verhalten. Welthandelsanteile gingen trotz neuer Absatzmärkte zugunsten anderer neuer Wettbewerber verloren. Wirtschaftsinstitute haben eine Verschiebung der Warenströme (innerhalb Deutschlands und global), ein hohes reales Kostenniveau und nachlassende Innovationstätigkeiten festgestellt. Der Export, der als Schwungrad der bundesrepublikanischen Wirtschaft galt, befand sich im ersten Drittel der 90er Jahre im Abschwung. Die Situation wurde durch die Krisen in Asien, Lateinamerika und Russland, den D-Mark Höchststand gegenüber dem US Dollar und die nachlassende Binnennachfrage angeheizt. Zu den negativen Rahmenbedingungen des Weltmarkts für Deutschland kamen hausgemachte Probleme, die unter dem Begriff „Standortnachteile" diskutiert wurden. Zu den Bestandteilen der negativen Standortfaktoren gehörten hohe Lohnneben- und stückkosten, niedrige Monatsarbeitszeiten, lange Genehmigungsverfahren und hohe Kapitalbeschaffungskosten. Kurz gesagt vermehrte der zunehmende internationale Wettbewerb die Herausforderungen, vor die Deutschland in den Jahren nach der Wiedervereinigung gestellt wurde, deutlich.

Die Position der Bundesländer und ihr Anteil am Export Deutschlands wurden durch diese Veränderungen neu bestimmt. Mögliche Indikatoren dafür sind:

- die Exportraten der Bundesländer
- die sektorale und regionale Verteilung der Exporte
- die Entwicklung der Direktinvestitionen im Ausland
- die sektorale und regionale Verteilung der Direktinvestitionen
- die Entwicklung der Direktinvestitionen nach Deutschland

## 4.1. Exporte aus Baden-Württemberg und Niedersachsen

Die Außenhandelsverflechtung der Industrieländer nahm während des Beobachtungszeitraums kontinuierlich und ansteigend zu. Verstärkte Exportanstrengungen wurden überwiegend in neuen Absatzmärkten mit dem größten Wachstum getätigt. Zu diesen Märkten gehören die mittel- und osteuropäischen Länder (MOE-L), Südostasien und Lateinamerika. Vor allem im Bereich der Spitzentechnologieerzeugnisse bescheinigt die Mitarbeiterin des Niedersächsischen Instituts für Wirtschaft, Birgit Gehrke, den Industriestaaten einen technologischen Vorsprung, der ihnen eine Schlüsselposition im globalen Wettstreit um Weltmarktanteile sichern kann.[65] Grundvoraussetzung für die mittel- und langfristige Positionierung der heimischen Wirtschaft ist die Innovationsbereitschaft und das

---

[65] Niedersächsisches Institut für Wirtschaftsforschung: Außenwirtschaft Niedersachsen, S. 2.

Vermögen, im Vergleich mit den konkurrierenden Regionen bessere Exportgüter zu erzeugen.

### 4.1.1. Ausfuhren

In der Bundesrepublik Deutschland stiegen die Exporte ab den achtziger Jahren kontinuierlich an.[66]

Abb. C.6 Ausfuhren und Prozentanteil der regionalisierbaren Ausfuhren

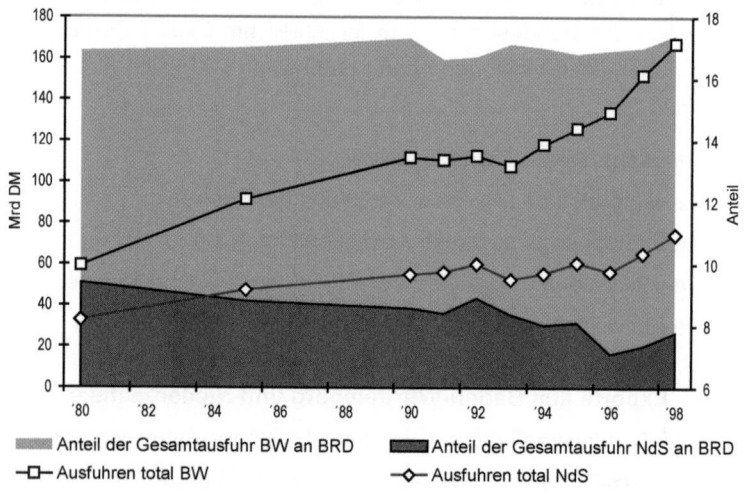

Quelle: Eigene Berechnung nach Statistischem Bundesamt und Statistischen Landesämtern

Bei der Betrachtung der langfristigen Entwicklung der Ausfuhren und der Anteile der regionalisierbaren Ausfuhren fällt auf, dass die Ausfuhren beider Länder zunehmen und die Stellung der beiden Länder in der anteiligen Beurteilung schwankt.

- Trotz der stark exportorientierten Wirtschaft gelang es den niedersächsischen Unternehmen nicht, ihre Exporte ähnlich stark zu steigern wie andere Bundesländer. Das Land verlor relativ an Wettbewerbsfähigkeit. Während niedersächsische Unternehmen 1980 mehr als ein Zehntel aller (regionalisierbaren) Ausfuhren Deutschlands produzierten, lag der Wert aller Ausfuhren (Spezialhandel) 1991 bei 8,4 Prozent. Bis 1996

---

[66] Siehe auch Anhang Abb. E.1.

ging der Anteil der regionalisierbaren Ausfuhren auf nur noch 7,2% zurück. Erst Ende der neunziger Jahre konnte sich das Land im bundesdeutschen Vergleich seiner Ausgangslage zu Beginn der neunziger Jahre mit acht Prozent annähern. Niedersachsen liegt damit im bundesdeutschen Vergleich für 1999 auf Platz vier.[67] Die Hauptprobleme Mitte der 90er Jahre waren die internationalen Wettbewerbsprobleme der niedersächsischen Automobilindustrie, die durch ihre Spezialisierung auf das Segment der Klein- und Mittelklassewagen stärker als andere Automobilhersteller in Deutschland von Konkurrenz aus Asien und Europa betroffen sind. Hinzu kam ein für den Überseemarkt sehr ungünstiges Dollar-DM-Verhältnis. Die Absatzeinbußen führten zur schwersten Absatzkrise der Nachkriegszeit geschildert[68]. 1995 erklärte das niedersächsische Wirtschaftsministerium die Stabilisation der wirtschaftlichen Lage mit der Erholung des Außenhandels und dem damit verbundenen Anstieg des BIPs.[69] Diese Einschätzung bestätigt die wahrgenommene Bedeutung der Exportwirtschaft als Schwungrad der Wirtschaft insgesamt. Die konjunkturelle Erholung verfestigte sich in Niedersachsen.

- Die baden-württembergische Exportwirtschaft weist für das zurückliegende Jahrzehnt eine stark wachsende Entwicklung auf. Die Exporte wurden verdoppelt. Der Anteil baden-württembergischer Unternehmen an den regionalisierbaren Ausfuhren Deutschlands wuchs von 16,6% auf 17,5 Prozent. Trotz der zunächst gebremsten Entwicklung zu Beginn des Jahrzehnts und der Rezession in manchen Wirtschaftsbereichen konnte die Wettbewerbsfähigkeit insgesamt gehalten werden. Das Bundesland belegte in den neunziger Jahren gemessen and den Ausfuhren in Milliarden DM dauerhaft den zweiten Platz.

---

[67] Rangfolge: 1. Nordrhein-Westfalen (210,5 Mrd.), 2. Baden-Württemberg (190,3 Mrd.), 3. Bayern (175,2 Mrd.), 4. Niedersachsen (89,5 Mrd.), 5. Hessen (58,8 Mrd.).

[68] Niedersächsisches Ministerium für Wirtschaft, Technologie und Verkehr: Wirtschaftsbericht 1995.

[69] Ebd.

Abb. C.7 Veränderung des BIPs (Preise von 1995) und prozentuale Veränderung der Ausfuhren

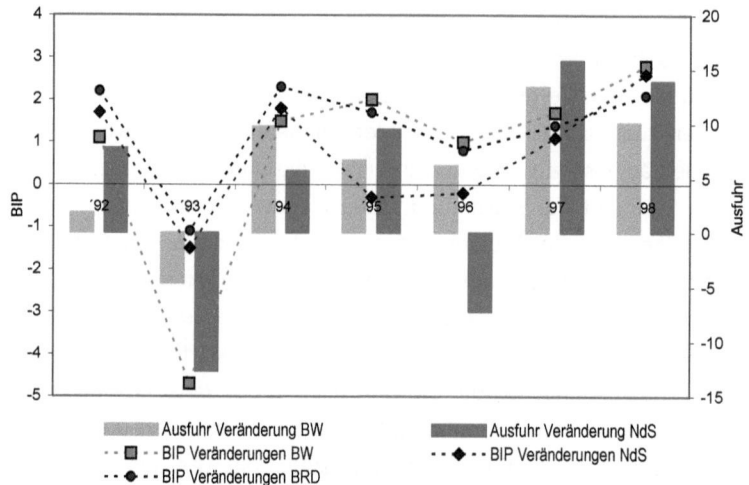

Quelle: Eigene Berechnung nach Statistischem Bundesamt und AKVGdL

Beim Vergleich der Veränderung jährlicher Ausfuhrraten und nationalem BIP fällt für beide Länder auf, dass sich das Bruttoinlandprodukt weit schwächer entwickelte als die Ausfuhren. In Niedersachsen sind die Rückgänge und Zuwächse der Ausfuhren stärker als in bei der Vergleichsregion. Für Baden-Württemberg sind die Auswirkungen der nachlassenden Güternachfrage stark. Bruttoinlandsprodukt und Ausfuhren rutschen 1993 im Vergleich zum Vorjahr ins Minus. Dieser Trend wurde bis zum Ende des Beobachtungszeitraums umgekehrt. 1998 liegt das Bundesland im Bundesdurchschnitt beim BIP und den Ausfuhren über der durchschnittlichen Entwicklung in Deutschland.

### 4.1.2. Strukturen der Exportwirtschaft

Betrachtet man die bedeutendsten Sektoren der Exportwirtschaft in den Regionen, so fällt die Dominanz des Automobil- und Maschinenbaus für den Auslandsabsatz auf. Die Produkte dieser Bereiche machen einen Grossteil des Exports aus. Die baden-württembergische Exportwirtschaft ist beim Vergleich der am Export beteiligten Sektoren ausgewogener strukturiert als die niedersächsische.

Abb. C.8   Exportsektoren Niedersachsen 1998 (prozentuale Anteile)

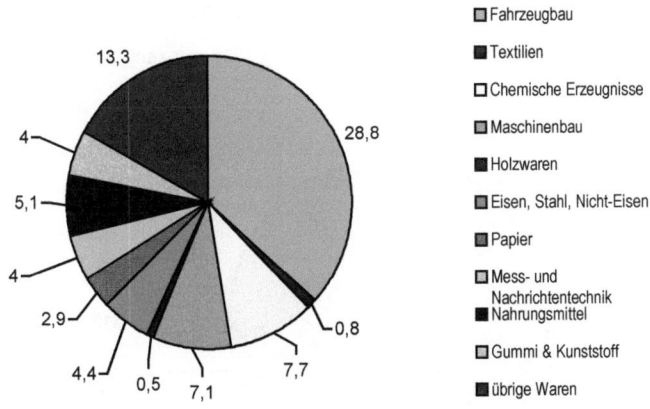

Quelle: Eigene Berechnung nach Niedersachsen-Monitor

In Niedersachsen dominiert die Automobilindustrie mit 28,8 Mrd. DM aller Exporte. Birgit Gehrke nennt das Exportangebot Niedersachsens vor diesem Hintergrund „monostrukturiert"[70]. Neben dem Automobil- und Fahrzeugbau zeigen sich unterschiedlich stark Maschinenbau, Chemische Erzeugnisse, Elektrotechnik und Nahrungs- und Genussmittelgewerbe als die wichtigsten Exportbranchen. Die niedersächsische Exportstruktur reflektiert im Wesentlichen die Wettbewerbsposition der niedersächsischen Industrie insgesamt. Die internationale Wettbewerbsfähigkeit ist durch Konzentration auf relativ wenigen Großbetriebe[71] geprägt. Humankapitaleinsatz sowie Herstellung und Anwendung neuster Technologien sind in den Hocheinkommensländern die entscheidenden Faktoren für die internationale Wettbewerbsfähigkeit. In diesem Sinne dokumentiert die Güterstruktur der niedersächsischen Exportwirtschaft

---

[70]   Vgl.: Niedersächsisches Institut für Wirtschaftsforschung: Außenwirtschaft Niedersachsens, S. 6.

eine Positionierung auf dem Gebiet der mittleren und höherwertigen Technologien. Waren aus den Bereichen Informationstechnologien, Luft- und Raumfahrttechnik, Pharmatechnik, Bio- und Umwelttechnik sowie Feinmechanik, die den Spitzentechnologien zuzurechnen sind[72], spielen bei den in Niedersachsen produzierten Exportgütern eine geringe Rolle.

Abb. C.9  Exportsektoren Baden-Württemberg 1998 (prozentualer Anteil)

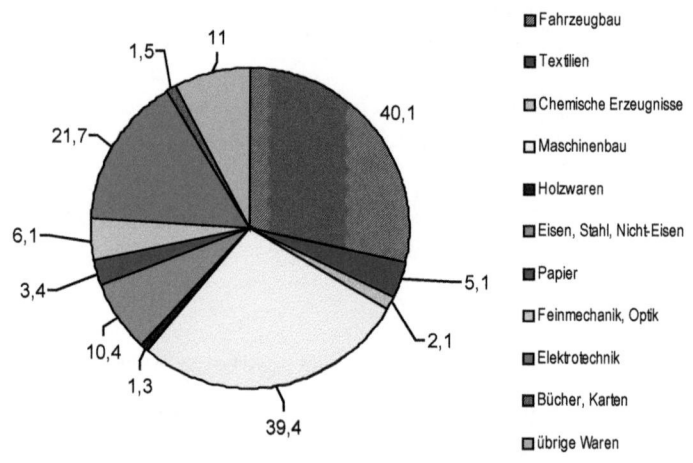

Quelle: Landesamt für Statistik BW

In Baden-Württemberg sind vier Industriesektoren mit mehr als 78 Prozent an den Exporten des Jahres 1998 die bedeutendsten. Mit 40,1 Mrd. DM sind auch hier der Fahrzeugbau, gefolgt von dem Maschinenbau (39 Mrd.), die Elektrotechnik (21,7 Mrd.) und die Produktion von Eisen-, Stahl- und Nicht-Eisen-Erzeugnissen (10,4 Mrd.) die wichtigsten Exportsektoren. Auf den ersten Blick scheint die Struktur der Exportwirtschaft sehr ähnlich mit der Niedersächsischen. Deutliche Unterschiede bestehen in den Strukturen der exportierenden Unternehmen und der Pro-

---

[71]  Namentlich Volkswagen AG, Continental AG, Preussag AG, Salzgitter AG, MAN u.a.

[72]  Weitere Erläuterung der Begriffe höherwertige Technologie und Spitzentechnik. Vgl.: Gehrke, Birgit/Grupp, Hariolf u.a.: Innovationspotential und Hochtechnologie.

duktpalette. Baden-Württembergs Industrie weißt rein nominal eine bedeutend größere Zahl an Betrieben im verarbeitenden Gewerbe auf. Auch ist das Verhältnis der Beschäftigtenzahlen zur Größe der Betriebe und das Verhältnis von KuMU zu Großbetrieben ausgewogen. Die Exportprodukte zielen dadurch auf einen potenziell sehr großen Markt in unterschiedlichen Qualitäts- und Preissegmenten. Für die Zukunft kündigte das Wirtschaftsministerium eine *Biotechnologieinitiative* an, durch die die Bio- und Gentechnologie in Baden-Württemberg neben dem Automobil- und Maschinenbau das dritte Standbein der baden-württembergischen Wirtschaft werden soll.[73]

### 4.1.3. Regionale Zuordnung der Ausfuhren

Die Exporte beider Länder sind stark auf die industrialisierte OECD-Welt beziehungsweise auf die drei Regionen Europa, Nordamerika und Südostasien[74] ausgerichtet. Mehr als 80 Prozent der Ausfuhren gingen im Jahr 1999 in diese Industrieländer.

Abb. C.10 Ausfuhren nach Erdteilen

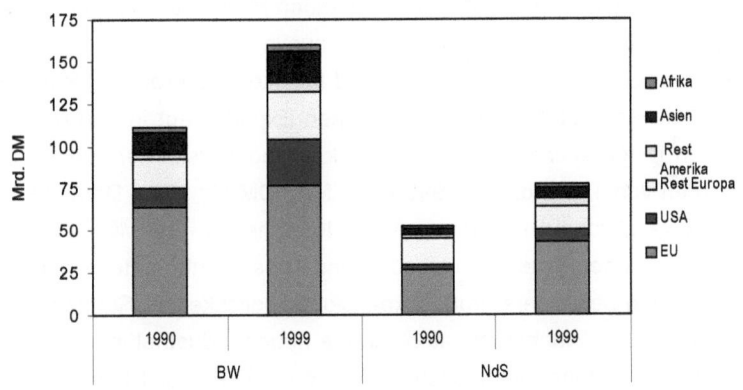

Quelle: Eigene Berechnung nach Landesämtern für Statistik

---

[73] Vgl. Pressemitteilungen Biotechnologie, 27. Oktober 2000.
[74] OECD-Mitgliedsstaaten: 29 Mitgliedsstaaten, davon 21 Europa, 2 Nordamerika und 4 Ozeanien und Südostasien.

Der größte Teil niedersächsischer Ausfuhren geht in die EU-Mitgliedsländer. Daneben gingen 1999 Ausfuhren in die Vereinigten Staaten in einer Höhe von 7 Mrd. DM und in die mittel- und osteuropäischen Länder 7,1 Mrd. DM. Das starke Engagement innerhalb der EU ist mit der Überschaubarkeit, der guten Datenlage und dem geringeren Risiko für die kleinen und mittleren Unternehmen beim Markteintritt innerhalb der Union im Vergleich zu Überseeengagements zu erklären. In der EU sind Informationen über Auslandsgeschäfte leicht zu bekommen. Europäische und nationale Institutionen beraten über die relevanten Fragen und Probleme. Oftmals werden Märkte in Übersee nach gesammelten Erfahrungen im benachbarten Ausland im zweiten Schritt angegangen.[75] Im Jahre 1980 exportierten die niedersächsischen Unternehmen ca. 15% nach Nordamerika. Dieser Anteil ging Anfang der 90er Jahre auf knapp 6% zurück und erholte sich bis 1999 erneut auf über 9 %. Auch bei diesem Rückgang und dem damit verbundenen Verlust an Marktanteilen wirkten sich vor allem Absatzeinbußen bei Straßenfahrzeugen entscheidend aus (Konkurrenz aus Japan und Korea und der ungünstige Dollar-Kurs waren die Gründe für den schwindenden Marktanteil Volkswagens). Ausfuhren nach Lateinamerika spielten nur in Form von Zulieferungen für Volkswagen-Töchter in Brasilien und Mexiko eine größere Rolle. Ein dritter Schwerpunkt der niedersächsischen Exporte liegt in den MOE-L, in denen Niedersachsen seit 1990 stark engagiert ist. Hier stiegen die Ausfuhren von 1,2 Mrd. DM 1990 auf 7 Mrd. DM für 1999. Damit liegen sie in etwa gleichauf mit denen nach Nordamerika. Die MOE-L bieten durch ihren hohen Erneuerungsbedarf und Konsumentenpotenzial für die Unternehmen besonders große Expansionsmöglichkeiten. Sie haben etwa gleich hohe Wachstumsraten wie die neuen Industrieländer in Südostasien. Die Nähe Niedersachsens zu den MOE-L soll zum strategi-

---

[75] Einschätzung von Gehrke, in: Außenwirtschaft Niedersachsen, S.12.

schen Standortvorteil für das Land geraten.[76] Engagements von Volkswagen in Polen und politische Zusammenarbeit sprechen hierfür. Baden-Württembergs Ausfuhren unterscheiden sich strukturell von den niedersächsischen. Die Ausfuhren in die europäische Union sind mit 48% prozentual niedriger als die Niedersachsens (56%). Vor allem die amerikanischen und asiatischen Märkte sind in den vergangenen Jahren in ihrer Bedeutung gewachsen. Betrachtet man nur diesen Aspekt, so sind die Ausfuhren in die USA um das Zweieinhalbfache (1990: 11 Mrd.; 1999: 27 Mrd.) und nach Asien um das Eineinhalbfache (1990: 13,1 Mrd.; 1999: 19,1 Mrd.) angewachsen. Die Exporte nach Japan 1997 und 2000 wurden um mehr als 6,8 Mrd. DM (= 40,6%) gesteigert. Auch die Exporte nach China stiegen im selben Zeitraum um 40% auf 2,7 Milliarden D-Mark an. Neben den klassischen OECD-Absatzländern gewannen die Staaten in Südamerika, der Nahe Osten und die afrikanischen Staaten für die baden-württembergischen Ausfuhren ein größeres Gewicht. Zwar sind die Anteile, die auf diese Regionen entfallen, im Verhältnis zur Triade gering, sie entwickelten sich jedoch in den vergangenen Jahren stark und sind im Verhältnis zu Exporten anderer Bundesländer in diese Regionen am höchsten. Den vom Wirtschaftsministerium forcierten und eingeleiteten Aktivitäten der baden-württembergischen Wirtschaft im Nahen und Mittleren Osten stehen Ausfuhren in Höhe von 4,8 Mrd. DM gegenüber.

## 4.2. Kapitalverflechtungen

Bis Mitte der 80er Jahre haben sich Außenhandel, Direktinvestitionen und Produktion in etwa gleich stark entwickelt. Während die Exporte zu Beginn der 90er Jahre in manchen Bereichen stagnierten und in Deutschland die Situation als Rezession wahrgenommen wurde, wurde die Abwanderung von Kapital in andere Wirtschaftsregionen als Kapital-

---

[76] Bettina Boller vom Wirtschaftsministerium Niedersachsen bewertete im Gespräch die jüngsten Zielveränderungen in der niedersächsischen Außenwirtschaftspolitik mit der klaren und vorrangigen Ausrichtung auf die MOE-L, beziehungsweise auf die zukünftigen Mitgliedsstaaten der EU.

flucht bezeichnet. Tatsächlich haben Kapitalverflechtungen[77] in den vergangenen fünfzehn Jahren zugenommen. Deutsche Unternehmen sind verstärkt dazu übergegangen, im Ausland zu produzieren oder Beteiligungen im Ausland aufzubauen. Auch ausländische Unternehmen haben die wirtschaftlichen Schwächephase in Deutschland dazu genutzt, hier zu investieren oder Industriebetriebe, die dem Anpassungsdruck durch die internationalen Märkte nicht standhalten konnten, aufgekauft beziehungsweise mehrheitlich übernommen. Neben den Besitzverhältnissen der Industrie hat sich auch die Produktion in diesem Zeitraum internationalisiert. Präsenz im Ausland wurde von den großen wie auch kleinen und mittleren Unternehmen zur Erhaltung der Wettbewerbsfähigkeit und zur Ausweitung der Marktanteile verstärkt angestrebt. Das Engagement vor Ort und Kundennähe wurden als strategische Erfolgsfaktoren entdeckt.

---

[77] Weitere Formen von Kapitalverflechtungen sind: Lizenzvergaben, Gemeinsames Vertriebs- und Beschaffungswesen, strategische Allianzen. Diese Formen sind auf der Individualebene, bzw. unternehmensspezifisch zu untersuchen.

## 4.2.1. Direktinvestitionen

Abb. C.11 Bestände unmittelbaren DI im Ausland 1976 – 1998

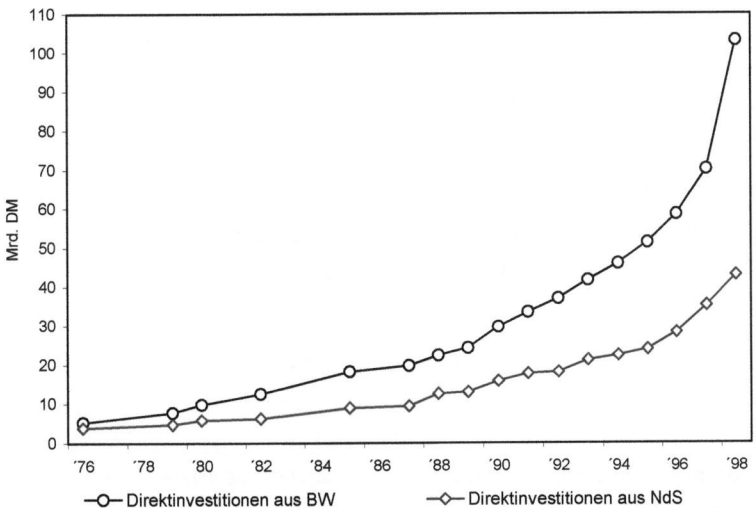

—○— Direktinvestitionen aus BW      —◇— Direktinvestitionen aus NdS

Quelle: Eigene Zusammenstellung und DI-Berichte der Landesbanken. Aufgrund eines neuen Berechnungsverfahren ergibt sich ein Bruch in der Zahlenreihe von 1989 auf 1990

Die grenzüberschreitenden Direktinvestitionen[78] (DI) stiegen in den vergangenen Jahren weltweit stark an.[79] Die darin zum Ausdruck kommende Internationalisierung von Produktion und Absatz vollzieht sich vor allem in Beteiligungsgesellschaften und im verarbeitenden Gewerbe. 1999 kam es dem World Investment Report der UNCATD zufolge zum Anstieg der zufließenden Investitionen um rund 28 Prozent auf 865 Mrd. US Dollar gegenüber 1998. Dabei hat sich seit 1990 das Volumen der binnen eines Jahres zugeflossenen Direktinvestitionen mehr als vervierfacht. Die Intensität der Kapitalverflechtung Deutschlands mit dem Ausland

---

[78] DI werden als grenzüberschreitende Investitionen definiert, die darauf abzielen, einen dauerhaften Einfluss auf ein Unternehmen in einem fremden Wirtschaftsgebiet zu begründen. Neben Beteiligungen an bestehenden Unternehmen gelten auch konzernintern gewährte Kreditmittel beziehungsweise re-investierte Gewinne sowie Neugründungen als Direktinvestitionen.

[79] Siehe auch Anhang Abb. E.2.

verstärkt sich sowohl in Form einer gestiegenen deutschen Direktinvesti-
tionstätigkeit im Ausland als auch aufgrund eines expansiven ausländischen Engagements im Inland.

Allgemein werden folgende Bedingungen für Direktinvestitionen positiv
bewertet:

- hohe Standortqualität
- relativ niedrige Kosten
- generell gute Wirtschaftsleistung im Umfeld
- unternehmerfreundliche Politik und Förderungen
- Absatzpotenzial und Marktsituation im Anlageland
- sichere Wechselkurse
- bestehende Handelsbeziehungen (Warenexporte ziehen Kapital
  nach)

Anders als zu Begin der neunziger Jahre wird die Entwicklung der steigenden Direktinvestitionen von der Politik und den Medien nicht mehr als
*„Kapitalflucht"*, sondern als positive und notwendige Kapitalverflechtungen bewertet.[80] Direktinvestitionen und Beteiligungen im Ausland werden
heute als Ausdruck der Liberalisierung der Faktormärkte gesehen. Das
gleichzeitige Auftreten von extensiven Investitionen im Ausland und hohen Kapitalzuflüssen im Inland scheint dies zu bestätigen. Trotzdem gab
es in den vergangenen zwanzig Jahren mehr Kapitalabflüsse als Direktinvestitionen nach Deutschland. Wie schon beim Export sind auch hier
die Europäische Union und die Vereinigten Staaten von Amerika die Zielregionen des größten Teils der Auslandsinvestitionen. Die zahlreichen
innereuropäischen Investitionen wurden durch den Binnenmarkt und
durch die Einführung der gemeinsamen Währung beflügelt. Neben den
USA gehören lateinamerikanische Länder wie Brasilien und Mexiko, süd-
ostasiatische Staaten und die MOE-L zu den größten Empfängerländern
deutscher Direktinvestitionen.

---

[80] So wird die Situation unisono in allen vorliegenden Jahresberichten der Zentral-
banken bewertet.

Abb. C.12 DI im Ausland nach Regionen (in 100%)

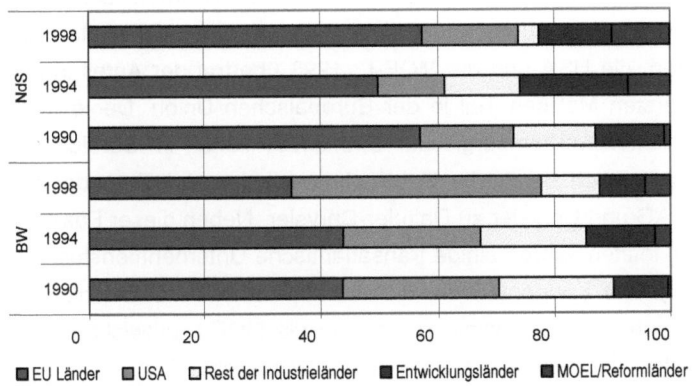

Quelle: Eigene Berechnungen nach Direktinvestitionsberichten der Landesbank BW,
Niedersachsen-Monitor und Jahresbericht LZB NdS

Der Bestand[81] niedersächsischer Direktinvestitionen im Ausland stieg seit dem Erfassungszeitpunkt im Jahr 1976 stetig an. Ab Mitte der 80ere Jahr verstärkt sich diese Entwicklung. Niedersächsische Betriebe sind mit Investitionskapital im Ausland leicht unterdurchschnittlich vertreten. Die Direktinvestitionen aus Niedersachsen im Ausland sind zwischen 1990 und 1999 von 15,8 Mrd. DM auf 43 Mrd. um den Faktor 2.7 angestiegen. In Niedersachsen wird vorrangig in den EU-Staaten und den westlichen Industrieländern investiert. Eine zunehmende Bedeutung entwickelten Anlagen in den MOE-Ländern (1998: 7Mrd DM). Bei den übrigen Industrieländern dominieren die USA mit 16% aller DI niedersächsischer Unternehmen. Andere nennenswerte Zielländer: Tschechien: 3,5% und Brasilien 3,9%. Den größten Anteil an diesem Wachstum hat das Engagement der Volkswagen AG in Polen, Tschechien, China, Südafrika und in den südamerikanischen Produktionsstandorten.

- Das Niveau der ausländischen Direktinvestitionen baden-württembergischer Unternehmen im Ausland ist deutlich höher als das

---

[81] Die Bestandsstatistik erfasst jeweils zum Jahresende die Direktinvestitionen zu Bilanzansätzen sowie Kenngrößen von Unternehmen (Bilanzsumme, Jahresumsätze, Beschäftigte). Ihre Ergebnisse liegen jeweils mit einem Jahr Verzögerung vor.

83

von niedersächsischen. Die Direktinvestitionen stiegen seit 1990 von 29 Mrd. DM um das Dreieinhalbfache auf 103 Milliarden. Dabei verteilen sich die im Ausland gebundenen Beträge vor allem auf westeuropäische Staaten, die USA und die MOE-L. 1998 übertraf der Anteil in der USA zum ersten Mal den Teil in der Europäischen Union. Der extreme Anstieg baden-württembergischer Direktinvestitionen im Bereich der USA ist maßgeblich durch die Unternehmensfusion zwischen der Daimler-Benz AG und Chrysler zu Daimler-Chrysler. Neben dieser Fusion gab es in den letzten Jahren einige transatlantische Unternehmensfusionen und strategische Kooperationen, die das DI-Verhältnis Deutschland - USA bestimmten. Die Direktinvestitionen in die MOE-L entwickelten sich am stärksten.[82] Direktinvestitionen baden-württembergischer Unternehmen verfünffachten sich.

Abb. C.13 Prozentuale Entwicklung der DI und BIP

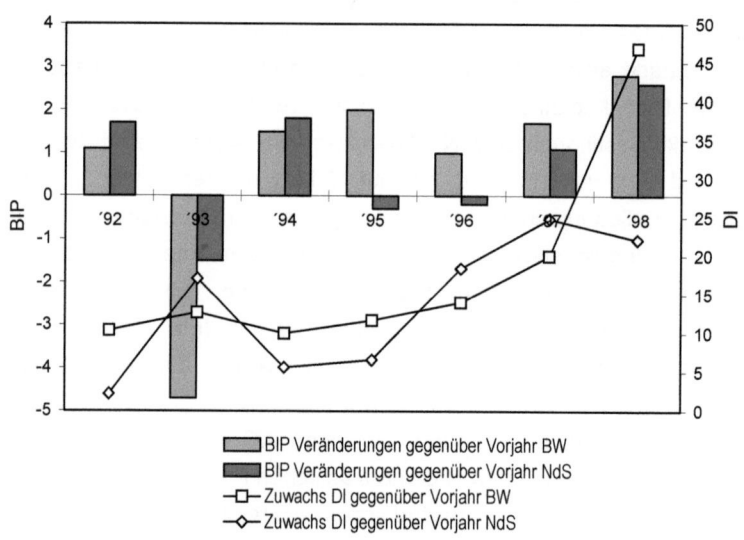

Quelle: Eigene Berechnungen nach DI-Berichten sowie AKVGdL

---

[82]  Von 2,5 Mrd. 1990 auf 10,6 Mrd. DM 1998.

Betrachtet man die Veränderungen der Direktinvestitionen ins Ausland im Verhältnis zum nationalen Bruttoinlandsprodukt, so sind die Zuwächse von jährlich bis über 40 Prozent im Gegensatz zu ein bis zwei Prozent BIP sehr groß. Das Binnenwachstum ist im Wesentlichen gebremster als das Engagement der deutschen Kapitalanleger ins Ausland. Die schnelle Entwicklung internationaler Kapitalverflechtungen übertrifft bei weitem die des nationalen Wachstums und der Warenströme. Der Wettbewerb um den Rang als wichtiges Investitionsland, in das ausländisches Geld fließt, wird, wie eingangs erwähnt, unter anderem über das Wachstum und die Zukunftschancen der Nehmerregionen entscheiden.

### 4.2.2. Sektoralstruktur der Direktinvestitionen im Ausland

In der Bundesrepublik entfielen 1998 43 Prozent des Bestandes aller Direktinvestitionen im Ausland auf das verarbeitende Gewerbe. Auf die Versicherungs- und Kreditgesellschaften entfielen 15 Prozent und weitere 32 Prozent auf Beteiligungsgesellschaften. Die beiden Bundesländer unterscheiden sich bei der sektoralen Verteilung der Direktinvestitionen stark. Während das verarbeitende Gewerbe in Baden-Württemberg fast 65 Prozent der Direktinvestitionen im Ausland stellte[83], betrugen die Direktinvestitionen niedersächsischer produzierender Unternehmen nur 27,1 Prozent. Hingegen waren Beteiligungsgesellschaften mit 52,2% und Kredit- und Versicherungsinstitute mit 13,7% an den Gesamtinvestitionen beteiligt. Diese Situation zeigte sich zu Beginn der 90er Jahre noch ganz anders. So spielten in Niedersachsen 1994 die Beteiligungsgesellschaften mit nur 5,6% und die Kredit- und Versicherungsinstitute mit zusammen 17.1% im Gegensatz zum verarbeitenden Gewerbe mit 61,5% eine untergeordnete Rolle.

Abschließend betrachtet ist in Baden-Württemberg ein branchenspezifischer Einsatz von DI und in Niedersachsen ein Übergewicht bei Beteiligungsgesellschaften festzustellen. Das ist bemerkenswert, da die verarbeitende Industrie in Niedersachsen ebenso wie die in Baden-

Württemberg stark exportorientiert ist und gleichzeitig erheblich weniger im Ausland direkt in Industrie investiert.

### 4.2.3. Direktinvestitionen nach Baden-Württemberg und Niedersachsen

Neben den DI ins Ausland entwickelten sich im Beobachtungszeitraum auch die Direktinvestitionen nach Deutschland positiv[84]. Anfangs der 90er Jahre verlangsamten sich zunächst die ausländischen Kapitalflüsse in die Vergleichsregionen. Es kam in den Jahren 1990 bis 1994 in Baden-Württemberg nahezu zu einer Stagnation der Bestände unmittelbarer DI. In Niedersachsen verlangsamte sich die Zunahme der DI zwischen 1994 und 1996 erheblich. Erst in den letzten Jahren gewannen die Direktinvestitionen wieder an Dynamik und es wurden wieder jährliche Zuwachsraten von ca. 10% und mehr erreicht.

Bei der längerfristigen Betrachtung der Direktinvestitionen insgesamt zeigt sich sowohl für Niedersachsen als auch für Baden-Württemberg, dass die Kapitalabflüsse die Zuflüsse spätestes ab Ende der 80er Jahre bei weitem übersteigen. In Niedersachsen geht die Schere zwischen Kapitalabflüssen und Kapitalzugängen zunehmend auseinander, während sich das Verhältnis in Baden-Württemberg in etwa parallel entwickelt.

In Baden-Württemberg waren 1999 340.000 Personen in Unternehmen mit ausländischen Kapitalbeteiligungen beschäftigt. Im verarbeitenden Gewerbe waren 14 Prozent der Beschäftigten in Unternehmen mit ausländischer Kapitalbeteiligung angestellt.[85] Eine Studie des Instituts für Mittelstandsforschung Mannheim sieht bei den DI langfristige positive Effekte auf Innovationen und in der Beschleunigung des strukturellen Wandels, da vor allem hochproduktive und rentable technologieintensive Sektoren Kapital anziehen.

---

[83] Die restliche DI kamen von Beteiligungsgesellschaften (22%) und Kredit- und Versicherungsgesellschaften (3,35%).

[84] Siehe Anhang, Tab. E.2.

[85] Presseerklärung Auslandsaktivitäten in Baden-Württemberg WM BW, 18. Juni 2001.

Obwohl Niedersachsen nicht als bevorzugtes Land für DI eingestuft werden kann, haben sich die ausländischen Kapitalien in beiden Regionen seit 1990 mehr als verdoppelt. Die Direktinvestitionszuflüsse aus dem Ausland kommen fast zu 80% aus den Mitgliedsländern der Europäischen Union und den anderen OECD-Ländern. Reform-, und Entwicklungsländer spielen als Kapitalexporteure in die deutschen Bundesländer eine unbedeutende Rolle.

Tab. C.4   Regionale Zuordnung der ausländischen DI 1988 (Prozent)

| | EU | Industrieländer | Reform- & Entwicklungsländer |
|---|---|---|---|
| BW | 35 | 52,8 | 12,2 |
| NdS | 56 | 20,4 | 23,6 |

Quelle: Direktinvestitionsberichte der Landesbanken

## 5. Außenwirtschaftsförderung in Baden-Württemberg

Das Land Baden-Württemberg hat eine lange Tradition bei der Förderung seiner Unternehmen. Der Nestor württembergischer Gewerbeförderung Ferdinand Steinbeis leitete ab 1855 die Zentralstelle für Gewerbe und Handel im Stuttgarter Haus der Wirtschaft. Seinem Förderkonzept lag eine neue Strategie der Schaffung fruchtbarer Rahmenbedingungen für die Wirtschaft durch Initiative des Einzelnen zugrunde. Unternehmenskooperationen, Personaltransfer zwischen einheimischen und auswärtigen Unternehmen, berufliche Aus- und Weiterbildung sowie die Exportförderung mit Weltmarktorientierung gehörten zu den Maßnahmen der württembergischen Gewerbeförderung. Die Landesregierung von Baden-Württemberg knüpfte nach dem 2. Weltkrieg an diese Tradition an. Nach dem Grundsatz *„Hilfe zur Selbsthilfe"* wurden alternative Förderungen der Industrie- und Handelskammern und anderer Institutionen ebenfalls unterstützt.

Mit der Wahl von Lothar Späth zum Ministerpräsidenten im Jahr 1978 wurden die selbstgegebenen Attribute Baden-Württembergs „Musterländle" und „Land der Dichter, Denker und Tüftler" von Landesseite forciert und man beging neue Wege in der Außenpräsentation und den politischen Aktionen eines Bundeslandes.. Reisen des Ministerpräsidenten nach China und in andere entlegene Länder wurden Teil der Wirtschaftsförderung.

Zur aktiven Vermehrung der Außenwirtschaft und Exportförderung berief die Landesregierung 1982 die Sachverständigenkommission *Exportförderung Baden-Württemberg* ein. Ausschlag für diese Maßnahme gab die Erkenntnis, dass die im Mittelstandsgesetz vorgesehenen Maßnahmenträger, die Organisationen und Selbsthilfeeinrichtungen der Wirtschaft, nicht in der Lage waren, das vielschichtige und komplexe Aufgabengebiet der Außenwirtschaftsförderung zufriedenstellend zu bewältigen. Zusammengesetzt war die Kommission aus Vertretern der Wirtschaft, Wissenschaft und Politik. Ziel war es ein Konzept zur Verbesserung der Förderung von Unternehmen, die im Ausland ihren Geschäften nachgehen wollen, zu erstellen. Daraufhin wurde 1983 die *Stiftung Exportförde-*

*rung*, die insbesondere die Bereiche Information und Beratung, Kontakt-vermittlung und flankierende Maßnahmen des Landes ausbauen sollte. Mit der Gründung wurde ein Schritt zur Konzentration der Landestätig-keiten auf eine spezialisierte und flexible Institution, die keinem Ministe-rium direkt untergeordnet ist, dennoch aber durch Budget und Aufsichts-gremium von der Landesregierung kontrollierbar ist, gegangen.[86] Flankierend wurde das Exportgarantieprogramm der Landeskreditbank ausgebaut. 1987 wurde die *Stiftung Exportförderung* in die *Stiftung Au-ßenwirtschaft* umgewandelt. Eine Zusammenarbeit mit der Landesent-wicklungsanstalt war so möglich.

Ausgelöst durch die aufkommenden Probleme der nationalen Exportwirt-schaft wurde 1992 erneut eine Ausschuss mit dem Namen *Kommission 2000* beauftragt, ein angepasstes Förderungskonzept auszuarbeiten. Die Erkenntnisse der Arbeitsgruppe wurden umgesetzt, indem die *Stiftung Außenwirtschaft* in die *Gesellschaft für internationale wirtschaftliche Zu-sammenarbeit Baden-Württemberg mbH* (GWZ) übertragen wurde. Gesellschafter sind das Land Baden-Württemberg und seit 1993 der Landesverband der baden-württembergischen Industrie (LVI). Bewusst wurde bei der Gründung der neuen Gesellschaft keine neue Hierarchie in dem Sinne gebildet, dass alle anderen Institutionen der Kammern und Verbänden im Bereich der Außenwirtschaftsförderung der GWZ unter-geordnet sind. De facto hat sich so eine Struktur aber ergeben, da die meisten Fördergelder an die GWZ zur Bereitstellung verschiedener Pro-gramme gehen. Diese zentrale Stellung wird durch die direkte Beteiligung aller alternativen Förder-Institutionen in den Gremien, Aus-schüssen und Arbeitsgruppen der GWZ abgemildert. So hat sich ein partnerschaftliches Verhältnis entwickelt. Trotz dieser einvernehmlichen Situation verstößt die staatliche Wirtschaftsförderungsgesellschaft GWZ

---

[86] Diese Entwicklung geht auf das Ergebnis der Kommission „Neue Führungsstruk-tur Baden-Württemberg" zurück, die drei Punkte zur Modernisierung der Verwal-tungsstruktur vorsah: (1) Trennung der Verwaltung in führende und ausführende Verwaltungteile, (2) Qualifizierung des Führungspersonals, (3) Ausbau der in-formationellen Infrastruktur, unter Einsatz neuer Techniken. Vgl. Klaus Erdmen-ger u.a.: Modernität der Staatsräson, S. 253.

im Prinzip gegen den Grundsatz *Hilfe zur Selbsthilfe* des § 5, Gesetz zur Mittelstandsförderung[87], das im ersten Absatz unter der Überschrift Förderungsmaßnahmen lautet: *„Die Selbsthilfe geht der staatlichen Förderung voraus."* Anderseits ist der Bruch des Grundsatzes auch ein Beleg dafür, dass die Regierung mit der neuen Förderungspolitik auf die steigenden Chancen und Krisen der Internationalisierung reagierte und mit aktiver Förderungspolitik nicht nur dem Bedarf gerecht wird, sondern bewusst in die Entwicklung der Exportwirtschaft eingreift.

Um den Ablauf der Außenwirtschaftsförderung von der Entscheidung über Zielvorgaben bis zur Implementierung in Einzelprogrammen nachvollziehen zu können, werden nun die wesentlichen Akteure und Institutionen und ihre Instrumente vorgestellt. Zunächst wird auf die zwei außenwirtschaftsrelevanten Ministerien in Baden-Württemberg eingegangen. Danach werden die staatlichen, halb-staatlichen und privaten Akteure des Außenwirtschaftsnetzwerks und die wesentlichen Förderprogramme vorgestellt.

### 5.1. Die Ministerien

Die Strategie- und Zielvorgaben für die Programme der Außenwirtschaftsförderung werden vom Wirtschaftsministerium Baden-Württemberg beziehungsweise der Spiegelabteilung im Staatsministerium des Landes nach Vorgaben der Landesregierung getroffen. Das Bundesland hat die verfassungsgemäße Hoheit bei Standortpolitik, Wirtschaftspolitik, Entwicklungshilfe und Kulturpolitik soweit keine Bundesgesetze oder Bestimmungen der Europäischen Union betroffen sind.

Das Land sieht sich, wie in der Einführung beschrieben, in der Tradition des aktiven Akteurs und als Impulsgeber für die außenwirtschaftlichen Handlungen der Unternehmen. Es hat verschiedene Instrumente ausgeprägt, um sie in seinem Sinne zu stimulieren. Zu diesen Instrumenten gehören die Schaffung von politischen Kontakten mit Regionen, die für die Handelsbeziehungen interessant sein können, und Wirtschaftsreisen in diese Länder. Vertreter der Ministerien bekräftigen, dass sie bei der

---

[87] Gesetzblatt für Baden-Württemberg: Gesetz zur Mittelstandsförderung.

Umsetzung dieser Ziele und der Anwendung der Instrumente als Partner der Unternehmen, also als Dienstleister am Standort in Erscheinung treten möchten.[88] Gleichzeitig gaben sie auch die Schwierigkeiten zu bedenken, die ein neue Partnerschaft zwischen Politik, verfasster Wirtschaft und privatwirtschaftlichen Unternehmen mit sich bringen. Die privaten Akteure müssen Vertrauen in den Staat und seine Handlungsfähigkeit aufbauen. Die damit beauftragten staatlichen und halbstaatlichen Akteure müssen zunächst gegen eigene alte Strukturen die Gleichberechtigung aller Akteure und die damit verbundenen Veränderungen akzeptieren.

Die doppelte Aufgabenverteilung zwischen Wirtschaftsministerium und Staatsministerium erzeugt in mehrerer Hinsicht Spannung, die im positiven wie auch im negativen Sinn umgesetzt werden kann. Üblicherweise besetzt der kleinere Koalitionspartner das Ressort Wirtschaft. Das Staatsministerium ist politisch näher an dem regierenden Ministerpräsidenten angesiedelt und wird von einem Vertreter der CDU geleitet. Beide Behörden beschäftigen sich mit der politischen Seite der Außenwirtschaftsförderung; also mit Delegationsreisen und politischer Legitimation der in Auftrag gegebenen Maßnahmen.

### 5.1.1. Wirtschaftsministerium

Im Wirtschaftsministerium Baden-Württemberg (WM BW) koordiniert die Abteilung Zwei, *„Außenbeziehungen und Europäische Wirtschaftspolitik"* das Außenwirtschaftsnetz des Landes. Zu den Aufgaben im Bereich Außenwirtschaft gehören:

- Koordination der Außenwirtschaftsmaßnahmen mit dem Bund und anderen Bundesländern
- Konzeption und Entwicklung von Strategien
- Koordination von grenzüberschreitender Zusammenarbeit
- Koordination der beauftragten Institutionen
- Entwicklungszusammenarbeit

---

[88]   Dies äußerten jeweils Vertreter des Staatsministeriums (Ris), des Wirtschaftsministeriums (Müller-Koelbl) und der GWZ (Bossinger).

- Förderung von Messen, Technischen Symposien und Gruppenbeteiligungen
- Standortwerbung
- Delegationsreisen
- Exportförderungsprogramm
- Kooperationen- und Informationsvermittlung
- Errichtung von Kontaktstellen im Ausland/Firmenpools
- Kontakt- und Kooperationsbörsen und Markterschließungsförderung
- Kreditförderung, Garantieprogramm
- Beratungen zu Export und Exportkooperationen
- Analyse der Tätigkeiten, Evaluation

Die meisten dieser Aufgaben werden nicht vom WM BW selbst durchgeführt, sondern von eigens dafür gebildeten oder vorhandenen Institutionen übernommen (Kapitel C.5.3.). Die Entwicklung von Strategien für die Außenwirtschaft wird zusammen mit dem Staatsministerium betrieben. Sie richtet sich zum einen an dem gemeldeten Bedarf an Auslandsaktionen aus. Zum anderen werden politisch gewünschte Außenwirtschaftsaktionen durchgeführt. Die Auslandsdelegationsreisen werden vom Wirtschaftsminister oder dem Staatssekretär im WM BW begleitet.

Das Wirtschaftsministerium koordiniert durch die Referate der Abteilung 2[89] alle nachgeschalteten Institutionen und ist meist auch durch personelle Verflechtungen in den Aufsichtsräten der Institutionen vertreten. Die Programme werden von Mitarbeitern des Ministeriums zusammen mit den durchführenden Organen evaluiert und angepasst. Zur Überprüfung einzelner Maßnahmen und der Außenwirtschaftspolitik werden Daten des Statistischen Landesamts herangezogen und externe Institute sowie Universitäten beauftragt.

Die Entwicklungszusammenarbeit wird als *„ein wichtiges Element in den Außenwirtschaftsbeziehungen des Landes Baden-Württemberg"* ange-

---

[89] Grundsatzfragen, Standortmarketing, Außenwirtschaft West, Außenwirtschaft Ost, Markterschließung, Entwicklungszusammenarbeit, EU-Grundsatzfragen, Europarecht, Europäische Institutionen.

sehen. Diese zunächst untypische Einschätzung der Entwicklungshilfe in einer Ministermusterrede[90] erklärt sich mit der Verknüpfung der Hilfe an Drittwelt- und Schwellenländer mit der erwünschten Beauftragung heimischer Fachbetriebe zur Durchführung der notwendigen Leistungen in den Nehmerländern. Ziel der Entwicklungshilfe ist es, *„die Partnerländer so zu unterstützen, dass sie zumindest mittelfristig an der zunehmenden Verflechtung der Weltwirtschaft [...] teilhaben und profitieren können"*. Innerhalb der Logik dieser Wirtschaftspolitik folgt aus der Zusammenarbeit die Konsequenz: *„Damit werden sie auch zum Partner für unsere Wirtschaft und eröffnen unseren Unternehmen neue Markchancen.[...] Auf diese Weise dient die Entwicklungszusammenarbeit auch dazu, baden-württembergischen Firmen den Einstieg in fremde Märkte zu erleichtern."*[91] Schwerpunktländer der Projekte in den vergangenen Jahren waren Brasilien, Chile, die Volksrepublik China, Indonesien, Indien, Vietnam, Malawi, die palästinensischen Gebiete und die Türkei.

Zur Abstimmung mit dem zuständigen Bundesministerium pflegt das Wirtschaftsministerium den Informationsaustausch auf Fachebene im Bund-Länderausschuss. Hier werden die Aktionen koordiniert und werden Forderungen an das bundesdeutsche Förderprinzip eingebracht. Forderungen des Wirtschaftsministeriums der letzten Jahre sind:[92]

- Flexibilisierung der Sozial- und Steuersysteme zur Verbesserung der Wettbewerbssituation auf dem Weltmarkt
- Senkung der Lohnnebenkosten
- Stärkung des Selbstverantwortungsprinzips der Wirtschaft
- Aktive wirtschaftspolitische Strategien

In dem zitierten Papier werden die Freihandelszonen (NAFTA, MERCO-SUR) für die baden-württembergische Wirtschaft positiv bewertet, da durch sie *„unseren Unternehmen neue Marktbedingungen"* eröffnet werden. Dies scheint das oberste Ziel der Wirtschaftspolitik des Ministeriums

---

[90]  Wirtschaftsministerium Baden-Württemberg: Ministermusterrede.
[91]  Ebd.
[92]  Ebd.

zu sein: Optimale Bedingungen in allen Bereichen für die Wirtschaft zu schaffen.

Das Wirtschaftsministerium betreibt auch in seiner Öffentlichkeitsarbeit eine ähnlich selbstbewusste Politik wie in der zitierten Musterrede. Pointierte auf den Wirtschaftsminister zugeschnittene Pressemitteilungen vermitteln das Bild einer starken Politik (siehe Anhang E.1.2).

### 5.1.2. Staatsministerium

*„Es ist unsere Aufgabe, die Ausrichtung der baden-württembergischen Wirtschaft auf den Weltmarkt zu fördern, damit unsere Unternehmen noch stärker in wachstumskräftige Märkte eintreten können."* So werden die Aufgaben des Staatsministeriums Baden-Württemberg (SM BW) im Bereich Außenwirtschaft im *„Außenwirtschaftlichen Konzept"*[93] beschrieben. Zur Wahrnehmung dieser Interessen außerhalb des Bundeslandes unterhält die Behörde zwei Außenvertretungen. Eine Vertretung befindet sich in Berlin. Die zweite Vertretung in Brüssel[94]. Die Dienstaufsicht über die Brüsseler Außenvertretung wechselte mit der im Frühjahr 2001 vereidigten Landesregierung vom Beauftragten der Landesregierung in Berlin auf den Staatsminister, der jetzt auch die Bezeichnung Minister für europäische Angelegenheiten.[95]

Im Staatsministerium wurde Anfang der 90er Jahre eine neue Abteilung V, „Internationale Angelegenheiten, Europapolitik, Regionale Zusammenarbeit und Protokoll", zur Optimierung der Tätigkeiten[96] im Bereich der auswärtigen Angelegenheiten (Außenwirtschaft) neu geschaffen. Hier werden neben den Aufgaben, die sich analog zu denen des Wirtschaftministeriums ergeben, politische Forderungen des Bundeslandes

---

[93] Vgl. Staatsministerium Baden-Württemberg: Außenwirtschaftliches Konzept - unveröffentlicht.

[94] Im Jahre 1985 eröffneten die Länder Schleswig-Holstein, Niedersachsen und Hamburg in Brüssel das so genannte „Hanse-Office Haferkamp", das die erste Auslandsvertretung bei der Europäischen Union war. Im Laufe der Zeit zogen alle Länder nach und unterhalten jeweils europäische Landesvertretungen mit unterschiedlicher finanzieller und personaler Ausstattung.

[95] Vgl. dpa-Gespräch: Gespräch mit Staatsminister Palmer, 27. Juni 2001.

[96] So Arnold, SM BW im Gespräch am 1. September 2000.

auf außenpolitischer Ebene definiert[97] und die Vorschläge an die Regierungskonferenzen sowie an den Ausschuss der Regionen formuliert. Der neue Europaminister Palmer kündigte die stärkere Fokussierung des Landes im Bereich der Europapolitik mit einem Zehn-Punkte Programm und die personelle wie auch finanzielle Aufwertung der Vertretung in Brüssel an.[98]

Mit der Schaffung der Abteilung V ist *„das Staatsministerium auf dem Weg zu einer modernen Behörde"*, so der Leiter der baden-württembergischen Auslandsvertretung in Brüssel Arnold. *„Wir stellen die Dienstleistung für den Standort in den Vordergrund. Diesen Veränderungen stehen auch im Staatsministerium traditionelle Verwaltungsabläufe entgegen. Aber im Sinne einer modernen Partnerschaft sind die Veränderungen zur Modernisierung unserer Außenwirtschaftsförderung unumgänglich."* Zu den Leistungen des Staatsministeriums in diesem Bereich gehören die Zieldefinitionen, Koordinierung, Factraising und Delegationsreisen. Das Staatsministerium stellt seine Aktivitäten ebenfalls in einem Drei-Säulen-Modell dar (vgl. Anhang E 1.3).

---

[97] Vgl. Pressemitteilung: Palmer kritisiert Europapolitik der Bundesregierung, 21. Juni 2001.

[98] Vgl. Baden-Württemberg: Zehn-Punkte-Programm. Das Zehn-Punkte-Programm befasst sich unter anderem mit den Beitrittsverhandlungen zur EU-Osterweiterung, den EU-Reformen (Charta, Wahlrecht, Struktur- und Agrarpolitik) und kündigt Baden-Württemberg als zukünftigen „europapolitischen Motor" an.

## 5.2. Außenwirtschaftsförderung in BW

Um die vielen Zielsetzungen der Ministerien zu illustrieren, werden hier die Maßnahmen und Programme im Bereich der Außenwirtschaft systematisch mit den jeweiligen zuständigen Institutionen angezeigt.

Tab. C. 5 Außenwirtschaftsförderung in BW

| | Instrumente/ Maßnahmen | Akteure |
|---|---|---|
| **Politische Unterstützung** | Strategie-Entscheidungen<br>Spitzengespräche<br>Vereinbarung von Zusammen-arbeit<br>Handelserleichterung<br>Administrative Anbahnung & Unterstützung | - Ministerien<br>- Regierungsvertreter<br>- Regierungsvertreter<br>- Einfluss auf Bundespo-litik Ministerien |
| **Informationsvermittlung und Erfahrungsaus-tausch** | Informationsgespräche<br>Printmedien, Internet, Daten-banken<br>Wirtschaftstage<br>Fachthematische Veranstal-tungen<br>Erfahrungsaustausch<br>Kontaktkonferenzen<br>Beratung Forschung & Techno-logie Beratung zu Export- & Exportkooperation | - GWZ, IHK<br>- GWZ, Kammern<br>- GWZ<br>- GWZ, IHK<br>- GWZ<br>- GWZ<br>- SEZ<br>- RKW, Exportberatung Handwerk |
| **Markterschließung im Ausland** | Informationsreisen<br>Kontaktstellen im Ausland/ Ko-operationsförderung<br>Firmenpool<br>Kontakt- und Kooperations-börsen<br>Wirtschaftsdelegationsreisen<br>Wirtschaftsdelegationsreisen mit politischer Begleitung | - Ministerium & GWZ<br>- RKW<br>- RKW<br>- GWZ<br>- GWZ<br>- Ministerien & GWZ |
| **Messewesen** | Technische Symposien<br>Katalogausstellungen<br>Firmengemeinschaftsausstel-lungen | - GWZ, LEG<br>- GWZ, LEG<br>- GWZ, LEG |
| **Unternehmens-individuelle Dienstleis-tungen** | Individuelle Marktuntersuchung<br>Recherche von Kooperations-partnern<br>Organisation von Besuchsrei-sen<br>Einzelberatung zur F& E-Förderung | - GWZ<br>- GWZ<br>- GWZ<br>- SEZ |
| **Finanzdienstleistungen** | Förderung von Auslandskon-takten<br>Garantieprogramme | - LAKRA<br>- LAKRA |

## 5.3.  Die Partner der Außenwirtschaftsförderung

In den folgenden Kapiteln werden die wichtigsten Außenwirtschaftsakteure in Baden-Württemberg mit ihren Förderzielen, Programmen und Maßnahmen vorgestellt. Zuallererst folgt die Betrachtung der Gesellschaft für internationale wirtschaftliche Zusammenarbeit, die durch die Landesregierung in den Mittelpunkt der auswärtigen Wirtschaftsförderung gerückt wurde.

### 5.3.1.  Gesellschaft für internationale wirtschaftliche Zusammenarbeit Baden-Württemberg

Die Gesellschaft für internationale wirtschaftliche Zusammenarbeit in Baden-Württemberg mbH   (GWZ), eine Gesellschaft des privaten Rechts, wird vom Land Baden-Württemberg und dem Landesverband der baden-württembergischen Industrie e.V. getragen. Die Zielsetzung der GWZ wird durch die Formulierung auf der Homepage der Landesregierung mit folgender Aussage deutlich: *„Die Arbeit der GWZ zielt darauf ab, die Internationalisierung der baden-württembergischen Wirtschaft zu unterstützen und den Wirtschaftsstandort Baden-Württemberg auch durch Anwerbung ausländischer Investoren zu stärken."*[99] Die maßnahmenorientierten und wettbewerbsorientierten Instrumente der GWZ gliedern sich in folgende Bereiche:

- die Unterstützung baden-württembergischer Unternehmen bei der Erschließung ausländischer Märkte,
- die Vermarktung des Wirtschaftsstandortes Baden-Württemberg,
- die Durchführung von Berufsbildungs- und Wirtschaftsprojekten im Ausland sowie
- die umfangreiche Betreuung ausländischer Investoren.

Die Dienstleistungen und das Jahresprogramm der GWZ werden vom Aufsichtsrat der Gesellschaft vorgegeben und aus Erfahrungen zurückliegender Veranstaltungen weiterentwickelt. Der Aufsichtsrat der GWZ

---

[99]   Vgl. www.baden-wuerttemberg.de.

setzt sich aus Vertretern der Landespolitik, Finanzwirtschaft und verfassten Institutionen zusammen. Im Einzelnen gehören dem Aufsichtsrat der Wirtschaftsminister des Landes, der Präsident des Landesverbands der baden-württembergischen Industrie, der Staatssekretär im Finanzministerium, der Leiter Abteilung Internationale Angelegenheiten im Staatsministerium, der Vorstandsvorsitzende der Steinbeis-Stiftung (gleichzeitig Regierungsbeauftragter für Technologietransfer), der Geschäftsführer der Landesentwicklungsanstalt, ein Mitglied des Unternehmerbeirats[100] und der stellvertretende Vorsitzender der Landesbank Baden-Württemberg an. Diese Zusammensetzung garantiert die Einbeziehung der wichtigsten Akteure des Außenwirtschaftsnetzwerks (siehe C.6.1.) im Vorfeld der Maßnahmen. So wird es möglich, das breite Angebot der Aktionen aufeinander abzustimmen. Die Verbindung der Kammern und weiterer Programmanbieter im Aufsichtsrat der GWZ werden dazu genutzt, zusätzlich vorbereitende oder nachbereitende Maßnahmen anzubieten.

Die GWZ beschäftigt 75 Mitarbeiter im In- und Ausland und verfügt über ein Netz von 300 Korrespondenten in 56 Staaten. Die Gesellschaft unterhält in sechs Staaten eigene Repräsentanzen (China, Russland, USA, Singapur, Indien, Japan) und veranstaltete in den zurückliegenden Jahren in mehr als 80 Ländern Programme[101]. Der Landeszuschuss für die Projekte beträgt 8 Millionen DM. Im Jahr 1999 wurden ca. 40 Millionen umgesetzt. Alle Gewinne aus Beratungen etc. werden reinvestiert.

Die Maßnahmen der GWZ werden branchenübergreifend von Regionen-Spezialisten und Fachleuten für Administratives angeboten. Bossinger prognostiziert für die Zukunft eine Tendenz zur Branchenberatung, da es immer wichtiger werde, Marktsegmente als Spezialist zu beobachten, anstatt riesige Regionen, wie zum Beispiel *„Mittel- und Osteuropa"* oder *„Naher und Mittlerer Osten und Afrika, Pazifik"*, die in ihrer Größe und Komplexität kaum überschaubar sind, zu sondieren. Minister Döring kündigte in einer Pressemitteilung im April 2001 an, dass nicht nur ver-

---

[100] Dem Unternehmerbeirat gehören Vertreter der Wirtschaft, IHK, Handwerkstag, Bankwirtschaft, Politik und des DGB-Landesbezirks an .
[101] Angaben von Bossinger, GWZ.

stärkt thematische Schwerpunkte in die Maßnahmen einfließen sollen, sondern auch Branchen, die neben dem Maschinenbau und der Produktionstechnik zu den zukunftsträchtigen zählen. Dazu sollen Informationstechnologien, Umwelttechnik, Nahrungsmittelverarbeitung und Gesundheit in den Mittelpunkt der Außenwirtschaftsförderung rücken.

Eigene GWZ-Schwerpunkte der zurückliegenden Jahre, so Bossinger, waren Südamerika und Osteuropa. Um den Unternehmenswünschen gerecht zu werden, betrafen die Mehrzahl der Maßnahmen aber den nordamerikanischen, europäischen und asiatischen Raum (Tab.C.6).

Hier wird deutlich, dass die vom Staats- und Wirtschaftsministerium angesprochenen Zielvorgaben den gewünschten Außenwirtschaftsaktivitäten der Unternehmen teilweise entgegenstehen. Die Lösung aus diesem Dilemma besteht darin, dass alle Maßnahmen in den politischen und wirtschaftlichen Zielregionen angeboten werden.

Die Aktivitäten der GWZ lassen sich in folgende Bereiche einordnen:

- Beratung

- Information

- Geschäftsanbahnung

- Geschäftsabschluss und -abwicklung

- Abwicklung von Förderprogrammen

- Informationen über Länder und Regionen, Branchen und Produkte und Möglichkeiten für Geschäftsanbahnungen und Kooperationen werden zur Verfügung gestellt. Die Informationsangebote sind teilweise kostenpflichtig.

- Beratungen führt die GWZ zu Export- und Importgeschäften durch. Sie werden als Einzelberatungen (Direktberatung), Gruppenfortbildungskurse und mit Unterstützung von Gutachten, Studien und Marktanalysen durchgeführt. Auch die Beratungsleistungen sind teilweise kostenpflichtig, die Erstberatung ist i.d.R. kostenlos.

- Geschäftsanbahnungen erstrecken sich sowohl auf Import- wie auf Exportgeschäfte. Folgende Aspekte werden abgedeckt:

- Produktionskooperation (Lohnveredelung, Montageproduktion, Lizenzproduktion)

- Wissens- und Technologietransfer
- Investitionen im Ausland (Unternehmensgründung und -kauf, Erwerb von Beteiligungen, Bildung eines Jointventures)
- Auslandsinvestorenwerbung
- Verarbeitung von Geschäftswünschen
- Veranstaltungen von Kooperationsbörsen
- Durchführung von Informationsveranstaltungen

Die individuellen Beratungsleistungen sind kostenpflichtig.

Im Folgenden werden die Instrumente und Angebote der Außenwirtschaftsförderung im Einzelnen vorgestellt. Dabei werden Leistungen im Inland und Leistungen im Ausland unterschieden.

### 5.3.1.1. Maßnahmen im Inland

**a) Marktstudien, Datenbanken:** Detaillierte Informationen über Marktgegebenheiten, wirtschaftliche und politische Systeme, Branchenstrukturen etc. stellen die Grundlage für Internationalisierungsüberlegungen von Unternehmen dar. Die globale ökonomische Situation unterliegt fortlaufenden Veränderungen. Die GWZ verfügt über ein Archiv außenwirtschaftsrelevanter Markt- und Länderinformationen. Weitere Möglichkeiten der Information bieten verschiedene Print-Publikationen wie die *Business Börse* und der *Focus*. Die *Business Börse* ist ein großformatiger periodischer Informationsprospekt, der über aktuelle Veranstaltungen unterrichtet, Geschäftsanbahnungsgesuche ausländischer Unternehmen veröffentlicht und über bevorstehende Maßnahmen im Ausland informiert. Der *Focus Baden-Württemberg* gibt Einblicke in Produkte einzelner Unternehmen und beschäftigt sich vorwiegend mit Hoch- und Spitzentechnologie. Neben diesen periodischen Schriften veröffentlicht die Gesellschaft Fachpublikationen zu Schwerpunktthemen. Ergänzt werden die Printerzeugnisse durch das reichhaltige Angebot der bereitgestellten Internetseiten und Online-Portale (vgl. C.5.5).

**b) Wirtschaftstage:** Die Wirtschaftstage sind Informationsveranstaltungen zu ausgewählten Ländern und Regionen. Ziel der Veranstaltungen

ist es, dass Fachleute Absatzmärkte, deren länderspezifische Besonder-
heiten und wirtschaftsrelevante Fakten vorstellen. Unternehmen, die bereits Geschäftspraxis in den Zielregionen gesammelt haben, geben auf
den Veranstaltungen Erfahrungsberichte und treten in Dialog mit Interes-
senten.

c) **Fachthematische Veranstaltungen:** Ähnlich wie die Wirtschaftstage
richten sich die Fachveranstaltungen an kleine und mittlere Unternehmen, die Beratungsbedarf vor ihrem Internationalisierungsschritt haben.
Thematische Schwerpunkte sind immer wiederkehrende Fragen zu Förderprogrammen, Kooperationskonzepte, Finanzierung, Handelsrecht,
Risikoabdeckung, und Auslandsforderungen.

d) **Kontaktkonferenzen und Erfahrungsaustausch:** Veranstaltungen
wie Kontaktkonferenzen und Börsen zum Erfahrungsaustausch dienen
dem *„Kennen-lernen"* anderer Unternehmen mit ähnlichen Internationali-
sierungsabsichten oder bereits gemachten Markterfahrungen. Der Unsi-
cherheit vieler mittelständischer Unternehmen kann auf diesen Treffen
entgegnet werde. Zu den Kontaktkonferenzen werden neben den Unternehmen auch Vertreter von Wissenschaft, Forschung und Kultur einge-
laden. Diese Maßnahmen dienen der Pflege des regionalen Netzwerks.

### 5.3.1.2. Maßnahmen im Ausland
a) **Auslandsreisen:** Auslandsreisen dienen der Vermittlung eines persönlichen Eindrucks von anvisierten Partnerländern. Hierbei ist zu unterscheiden zwischen Reisen, die dazu dienen, die Situation vor Ort zu
sondieren (Factraising), die mit politischer Unterstützung dazu dienen,
administrative Entscheidungsträger kennen zu lernen (Türöffnung), und
die vor allem die wirtschaftliche, branchenspezifische Kontakte herstellen
sollen (Geschäftsanbahnungen). Die Organisation der Delegationsreisen
mit politischer Beteiligung wird von der Außenwirtschafts-
förderungsgesellschaft im Auftrag und mit der notwendigen Unterstützung des Landes (der Ministerien) durchgeführt. Für die Begleiter wird
die Teilnahme am politischen Teil angeboten oder nur die Wahrnehmung
des rein wirtschaftbezogenen Programms. Die Factraising-Reisen die-

nen der Einschätzung und Beobachtung ausländischer Märkte sowie Anbahnung erster Kontakte für mögliche Projekte der GWZ. Die Auswahl dieser Ziele unterliegt den strategischen Vorgaben der Regierung.[102]

**b) Kontakt- und Kooperationsbörsen:** Geschäftsanbahnungen und Besuche von Kooperationspartnern stehen im Vordergrund der Kontakt- und Kooperationsbörsen im Ausland. Im Vorfeld der Börsen identifiziert die GWZ auf Grundlage von Teilnehmerprofilen potenzielle Geschäftspartner in den Zielländern. Die notwendigen Vorbereitungs- und Organisationsarbeiten im In- und Ausland werden von der GWZ übernommen.

**c) Standortwerbung:** Die GWZ führt im Auftrag des Landes Baden-Württemberg einen Teil der Sympathiekampagne: „Wir können alles - außer Hochdeutsch" durch. Hierzu werden seit 1999 Werbeanzeigen[103] in überregionalen und regionalen Zeitungen (vor allem in den USA) und andere Präsentationsformen im Ausland betrieben. Die GWZ nutzt für die Umsetzung der Standortwerbung ihr Netz von Auslandsvertretungen und Consulting-Partner. In den Jahren 1998 - 2000 wurden dafür 10.8 Millionen DM (ohne Personalkosten der Ministerien, GWZ etc.) aufgewendet. Unterstützung erfährt die Standortwerbung durch die so genannten *„Firmenbotschafter Baden-Württembergs"*. Bei diesem Projekt stehen international renommierte Unternehmen mit ihrem Namen für den Produktionsstandort und die Qualität der Produkte aus Baden-Württemberg ein. Zu den Firmenbotschaftern gehören: Robert Bosch GmbH, Daimler-Chrysler AG, Festo AG & Co, Paul Hartmann AG, Alfred Kärcher GmbH & Co, L-Bank, MTU Motoren- und Turbinen-Union, SAP Aktiengesellschaft.

---

[102] Georg Ris, SM BW berichtete davon, dass kleine und mittlere Unternehmen Schwierigkeiten bei Definition neuer ausländischer Ziele haben. Durch die strategische Auswahl von Zielländer kann die Regierung Einfluss auf die Entscheidungen der Unternehmen nehmen. Neben Vorschlägen gibt es auch Empfehlungen, welche Regionen nicht besucht werden sollen. Ris nannte als Beispiel Südafrika, das in der Vergangenheit ein unsicheres Umfeld für Geschäfte bot.

[103] Zum Beispiel wird mit dem Slogan "Your first love was a Baden-Württemberger" (Steiff-Bären) geworben.

**d) Messen, Ausstellungen, Symposien und Gemeinschaftsausstellungen:** Zur Präsentation baden-württembergischer Unternehmen im Ausland veranstaltet die GWZ Messen und Symposien, beziehungsweise bietet die Teilnahme daran an. Hier gehören zu den Dienstleistungen der Gesellschaft das Anfertigen von Kurzmarktstudien im Vorfeld, die organisatorische Planung und Betreuung vor Ort, Fachbesucherakquisition, Publikation einer Broschüre/eines Kataloges und die Nachbetreuung der Teilnehmer. Bei den Katalogausstellungen präsentieren die Unternehmen ohne persönliche Präsenz ihr Produktions- und Dienstleistungsprogramm in Form von firmenindividuellen Displays und Firmenkatalogen. Diese Maßnahmen sind bei knappen Ressourcen eine kostengünstige Möglichkeit, um die Wirtschaftskontakte im Zielland anzubahnen und die Marktakzeptanz zu testen. Das Förderprogramm Kontakt- und Kooperationsbörsen steht allen gewerblichen Unternehmungen, speziell KuMU sowie den freien Berufen offen, die nicht mehr als 200 Mio. Jahresumsatz und maximal 500 Beschäftigte haben.

Die unter b) und d) vorgestellten Maßnahmen werden häufig mit politischen Delegationsreisen verknüpft.

### 5.3.1.3. Durchgeführte Maßnahmen im Ausland 2000 und 2001

Die durchgeführten Maßnahmen und Zielregionen im Ausland können der nachfolgenden Tabelle Tab. C.6 entnommen werden. In beiden Jahren waren die Reiseschwerpunkte Asien, (Nord-) Amerika, Europa und Naher und Mittlerer Osten. Die drei erstgenannten sind die wichtigsten Exportpartnerländer Baden-Württembergs. Im Nahen Osten bemüht sich die Landesregierung im Bereich der Entwicklungshilfe um die Unterstützung der palästinensischen Gebiete. Zudem wurden im Jahr 2000 Reisen und Messebeteiligungen in die Vereinigten Arabischen Emirate, Saudi Arabien, Ägypten, Kuwait und den Iran durchgeführt. Mit China verbindet die Landesregierung seit Mitte der 80er Jahre ein Austausch im Bereich Entwicklungs- und Wirtschaftshilfe und das Engagement einiger Unternehmen in den Industriedistrikten Chinas. In Südamerika konzentrierten sich die Aktivitäten lange Zeit auf Brasilien, das in der Presse als „*größter ausländischer Industriestandort Baden-Württembergs*" kolportiert wird. Mit der Eröffnung des Deutschen Industrie und Handelszentrums in Mexiko-Stadt durch die Landesregierung sollen die Kontakte nach Mittelamerika intensiviert werden.

Tab. C.6   Maßnahmen 2000 - 2001

| Jahr | Region / Maßnahmen | Afrika | Amerika (Nordamerika) | Asien | Australien und Ozeanien | Europa (Osteuropa) | Naher & Mittlerer Osten |
|---|---|---|---|---|---|---|---|
| 2000 | - Kontakt und Kooperationsbörsen | 1 | 6 (5) | 4 | | 7 (3) | 2 |
| | - Auslandsmessebeteiligungen, Technische Symposien und Sondermaßnahmen | | 2 (2) | 2 | | 1 (1) | 2 |
| | - Katalogausstellungen | | 2 | 2 | 1 | 1 | |
| 2001 | - Kontakt und Kooperationsbörsen | 1 | 5 (2) | 1 | 1 | 6 (5) | 6 |
| | - Auslandsmessebeteiligungen, Technische Symposien und Sondermaßnahmen | | | 7 | | 3 (2) | 1 |
| | - Katalogausstellungen | 0 | 2 (1) | 2 | | | 1 |

Quelle: Eigene Auswertung nach Ernst, 1999 und GWZ Jahresberichten.

Nach Angaben der Gesellschaft für internationale wirtschaftliche Zusammenarbeit nahmen im vergangenen Jahr 1500 baden-württembergische Unternehmen im Inland und ca. 3000 in- und ausländische Unternehmen im Ausland an Maßnahmen teil.

### 5.3.1.4 Unternehmensansiedelungen

Die Maßnahmen im In- und Ausland haben nach Aussage der GWZ dazu geführt, dass sich zwischen 1995 und 2000 circa 130 ausländische Unternehmen in Baden-Württemberg angesiedelt haben. Die meisten dieser Unternehmen stammten aus Asien (50), Europa (42) und Nordamerika (24) und sind in den Branchen Automobilbau, IT, Elektrotechnik, Medizintechnik, Mess- und Regeltechnik und Umwelttechnologie tätig.

### 5.3.2. Rationalisierungskuratorium deutsche Wirtschaft in BW e.V.

Im Bereich Außenwirtschaftsförderung führt das Rationalisierungskuratorium (RKW) gemäß seinem Ziel Unternehmen bei Fragen der Kostenreduktion, Produktivitätssteigerung und Mitarbeiterförderung zu unterstützen, Beratungen zu Export und Exportkooperationen durch. Die Unternehmen werden nach gleichen Kriterien wie beim Programm zur Förderung der Erschließung ausländischer Märkte[104] des Landesgewerbeamtes gefördert. Neben der Exportberatung wird mit dem Programm *Kontaktstellen im Ausland* auch die Bildung ausländischer Kontaktstellen, beziehungsweise *Firmenpools* gefördert. Unternehmen erhalten mit Fördergeldern des Landes Unterstützung bei der gemeinsamen Errichtung von Auslandsdependancen. Bis zum Jahr 2000 wurden in 23 Fällen gemeinsame Strukturen baden-württembergischer Unternehmen im Ausland geschaffen. 78 Unternehmen waren insgesamt an derartigen Firmenpools beteiligt. In einzelnen Fällen hatte das Programm eine Unternehmensneugründung der beteiligten Firmen zur Folge. Beim Firmenpoolprogramm können bis zu 50% der Personal- und Betriebskosten mit maximal 10.000 DM im Jahr und eine Kooperationsgruppe mit insgesamt maximal 300 Tsd. DM gefördert werden.

### 5.3.3. Landesgewerbeamt Baden-Württemberg

Das Landesgewerbeamt (LGA) führt im Auftrag des Landes das Programm zur Förderung von Maßnahmen zur Erschließung ausländischer

Märkte aus. Die Behörde fördert seit 150 Jahren KuMU in der Region. Diese Förderung dient nach eigenen Angaben dazu „größenbedingte *Nachteile auszugleichen und die Anpassung an den technischen Wandel zu erleichtern.*"[105] Im Bereich der Außenwirtschaft fördert das Gewerbeamt im Auftrag und auf Rechnung des Bundeslandes Gruppenbeteiligungen von KuMU an Messen und Ausstellungen im Ausland, um ihnen den Zugang zu ausländischen Märkten zu erleichtern. Die Auswahl der Messen und Ausstellungen, die Suche nach weiteren Gruppenpartnern sowie die Vorbereitung und Durchführung der Vorhaben im Ausland erfolgt durch die beteiligten Unternehmen selbst. Für Unterstützung bei der Partnersuche weist das LGA auf die Industrie- und Handelskammern und die GWZ sowie die Datenbanken hin. Die Förderkonditionen richten sich an KuMU, die in der EU (EFTA) im Vorjahreszeitraum nicht mehr als 10 Mio. DM Umsatz und in den übrigen Ländern nicht mehr als 100 Mio. Umsatz hatten. Maximal dürfen die Unternehmen 500 Beschäftigte haben. Werden die Eingangsvoraussetzungen erfüllt, so sind 50% der anfallenden Kosten förderfähig, insgesamt bis zu 8.000 DM p.a. Innerhalb von acht Jahren kann dreimal die gleiche Messe gefördert werden. Im Jahr können bis zu drei verschiedene Messeteilnahmen eines Unternehmens unterstützt werden.

### 5.3.4. Steinbeis Europa-Zentrum

Das Steinbeis Europa-Zentrum (SEZ)[106] wurde 1990 zur Unterstützung baden-württembergischer Unternehmen beim Markteintritt innerhalb der EU und zur Hilfe bei der Akquisition von Fördergeldern im Bereich Forschungs- und Technologieprogramme als operative Einheit des Wirt-

---

[104] Betriebe, die diesen Kriterien nicht gerecht werden, können sich von dem RKW gebührenpflichtig beraten lassen.

[105] Landesgewerbeamt: Das Dienstleistungsangebot – Broschüre.

[106] Das SEZ ist eine Tochter der Steinbeis Stiftung für Wirtschaftsförderung. Die Steinbeis Stiftung wurde 1971 vom Land Baden-Württemberg gegründet und bildet jetzt ein Netzwerk im Bereich der Forschungs- und Technologie mit mehr als 440 Transferzentren innerhalb und außerhalb Baden-Württemberg – in 42 Staaten der Erde.

schaftsministeriums gegründet. Die Leistungen des SEZ betreffen vor allem die Unternehmen, die in der Hoch- und Spitzentechnologie ihre Gewinne erwirtschaften, also von Forschungs- und Technologieförderung direkt profitieren. Seit 1993 gehört das Stuttgarter SEZ zu dem offiziellen EU-Verbindungsbüro für Forschung und Technologie (Innovation-Relay-Centre). Die Arbeit der SEZ wird zu 30% vom Wirtschaftsministerium direkt gefördert. Die restlichen Gelder werden durch die Maßnahmen erwirtschaftet.

Zu den Leistungen des SEZ gehören:

- Information über Forschungs- und Entwicklungsprogramme der EU
- Beratung bei der Antragstellung und Finanzierung von Projekten
- Analyse des Forschungspotenzials von Unternehmen
- Internationale Partnersuche
- Projektmanagement
- Unterstützung bei der Verwertung der Forschungsergebnisse und beim transnationalen Technologietransfer

### 5.3.5. Industrie- und Handelskammern in Baden-Württemberg

Die Industrie- und Handelskammern (IHK) beraten zu allen wichtigen Phasen des unternehmerischen Auslandsengagements. Sie

- führen Beratungen über Markteintritt im Ausland und Fördereinrichtungen durch,
- moderieren länderspezifische Arbeitskreise zwischen Unternehmen
- vermitteln Ansprechpartner im Ausland (Institute, Normenämter, Fachanwälte, Dolmetscher, Sachverständige und Übersetzer),
- informieren über Bestimmungen zu Auslandsinvestitionen, Immobilienerwerb, Devisenrecht, Steuerrecht, Rechtsdurchsetzung im Ausland, arbeits- und Sozialrecht,
- stellen Marktstudien und Datenbestände zur Verfügung,

- publizieren im Bereich Außenwirtschaft (Außenwirtschafts-Nachrichten) und veröffentlichen Merkblätter/Broschüren zu Auslandsgeschäften.

Zur Optimierung der Beratung fordert die federführende IHK-Einrichtung für Außenwirtschaft, die IHK Region Stuttgart eine bessere Koordinierung der Förderung auf den Ebenen der EU, des Bundes und der Länder. In Broschüren werden alle Fördereinrichtungen in Deutschland aufgelistet und nach Förderkriterien, Konditionen etc. aufgelistet.[107] Die IHKn arbeiten mit der deutschen Außenhandelskammer (AHK) sowie dem BfAI zusammen und sind über die gemeinsame Dachorganisation Deutscher Industrie und Handelstag (DIHT) im ganzen Bundesgebiet und darüber hinaus (Vertretung des DIHT in Brüssel) vernetzt. Die IHK Baden-Württemberg ist durch die direkte Beteiligung an dem GWZ-Arbeitskreis Außenwirtschaft an den Programmen der GWZ beteiligt und weist darauf in Mailings hin.

### 5.3.6. Landeskreditbank

Das Exportförderungsprogramm des Landes wird von der Landeskreditbank Baden-Württemberg (LAKRA) betrieben und vom Bundesland finanziert. Zu unterscheiden sind das allgemeine *Exportförderungsprogramm* und das spezielle *Programm für Mittel- und Osteuropa*. Das allgemeine Exportförderungsprogramm soll Risiken bei Exportgeschäften mindern. Die Landeskreditbank bietet Garantien bis zu 70% der Gewährleistungen. Auch werden Bürgschaften für Kredite zur Finanzierung von Exportgeschäften übernommen. Beteiligung an Auslandsrisiken werden bis zu 50 Prozent des Kreditbetrags gewährt. Die Höhe der Risikoübernahmen beträgt bei einer Laufzeit von einem Jahr höchstens 5 Millionen DM und bei einer Laufzeit über einem Jahr höchstens 3,5 Mio. DM. Gefördert werden alle Unternehmen und Freien Berufe mit einem Jahresumsatz von maximal 200 Mio. DM.

---

[107] Vgl. www.stuttgart.ihk.de/foerdermittel. Und: Industrie- und Handelskammer in Baden-Württemberg: Außenwirtschaftsförderung für baden-württembergische Unternehmen.

Mit dem Exportförderungsprogramm Mittel- und Osteuropa sollen Exporte und Investitionen in diese Region gefördert werden. Die Begründung für dieses Förderprogramm für Produktion im Ausland ist strategisch. In den osteuropäischen Staaten sollen Produktionsstätten baden-württembergischer Unternehmen aufgebaut werden, um den Produktionsverbund und die Kostensenkung der heimischen Betriebe weiterzuentwickeln und so die Konkurrenzfähigkeit der baden-württembergischen Industrie langfristig zu erhalten.[108]

### 5.3.7. Landesbank Baden-Württemberg

Im Bereich der Kreditwirtschaft gibt es seit 1995 eine neue Entwicklung der finanziellen Unterstützung. Die Landesbank Baden-Württemberg (LB-BW), deren Teilhaber auch das Land Baden-Württemberg ist, hat ihr Auslandsdependancen-Netz dem des Landes angepasst und eröffnete 1995 eine Repräsentanz in Shanghai. Mittlerweile gibt es außerhalb Europas Vertretungen in Peking und Shanghai (China), Singapur, Hanoi (Vietnam), Mumbai (Indien) und drei in den Vereinigten Staaten von Amerika. Diesem Engagement liegen nicht nur betriebswirtschaftliche Überlegungen zugrunde. Das Land unterstützt das Engagement der LB-BW und fordert schon lange mehr Bereitschaft der Banken für Projekte im Ausland.[109] Die Verbindung zwischen der Landesbank und dem Bundesland geht so weit, dass einige German Centers mit Beteiligung der Bank gegründet wurden und jetzt auch ihren Sitz im Ausland darstellen (Shanghai, Peking, Mexiko ab Oktober 1998). Der Abteilungsleiter Außenbeziehungen/Europäische Wirtschaftspolitik im WM BW Müller-Koelbl konnte sich im Interview auch eine direkte personale Verknüpfung in Form eines Ministeriumsmitarbeiters in einer Auslandsniederlassung der LB-BW vorstellen.

---

[108] Ebd., S.71.
[109] Interview mit Müller-Koelbl, WM BW.

## 5.4. Deutsche Industrie- und Handelszentren

Die bereits angesprochenen Deutschen Industrie- und Handelszentren[110] müssten genau genommen nicht unter den Außenwirtschaftsorganisationen des Landes Baden-Württemberg, sondern im allgemeinen Kapitel C.2.1 angeführt werden. Bei der Betrachtung der Förderstruktur der sieben existierenden Zentren fällt auf, dass bei fünf von ihnen die Initiative aus Baden-Württemberg, bei einem aus Bayern und bei einem vom Deutschen Industrie- und Handelstag kommt. Alle anderen Bundesländer sind in diesem Bereich nicht vertreten. Die DIHZ oder, wie sie sich selbst nennen, "German Centers", werden jeweils von öffentlichen Kreditinstituten finanziert. Das Ziel der Deutschen Industrie- und Handelszentren ist die vermehrte Präsenz deutscher Unternehmen in wichtigen Wirtschaftspartnerländern. Die German Centers sind als multifunktionale Einrichtungen zur Präsentation einheimischer Unternehmen im Ausland konzipiert. Sie konzentrieren sich besonders auf Staaten mit dynamisch wachsenden Märkten in Übersee, in denen die Schaffung von Wirtschaftsbeziehungen den heimischen Unternehmen schwer fällt. Das Angebot der Zentren weist, bei flexibler individuelle Anpassung der Angebote an lokale Bedingungen in der Regel folgende Grundelemente auf:

* Büro-, Schulungs- und Konferenzräume
* Ausstellungs-, Montage-/Produktions- und Lagerflächen
* Umfassendes Beratungs- und Service-Angebot
* Erfahrungsaustausch und Zusammenarbeit
* Begegnungsstätte für bilaterale Wirtschaftskontakte

Unter Führung des baden-württembergischen Wirtschaftsministers Döring als Vertreter der Länder und dem Geschäftsführer der TRUMPF GmbH Leibinger[111] als Vertreter der Wirtschaft koordiniert ein Ausschuss die DIHZ seit 1995. Zu den Aufgaben des Koordinierungsausschusses

---

[110] Deutsche Industrie- und Handelszentren gibt es in: Peking (Ch), Shanghai (Ch), Jakarta (Indonesien), Yokohama (Japan), Mexiko-City (Mexiko, ab Oktober 2001), Moskau (Russland) und Singapur. Weitere sind auf Initiative des Landes Baden-Württemberg in Indien und Korea geplant.

gehört es, auf eine vergleichbare Ausrichtung der Zentren in Funktion und Erscheinungsbild hinzuwirken. Die Identität findet ihren Ausdruck sowohl im einheitlichen Namen als auch im gemeinsamen Logo. Die Zentren nennen sich im Sinne des gemeinsamen Auftritts und der Offenheit für Unternehmen aus ganz Deutschland jeweils „Deutsches Zentrum"[112]. Zu den Zentren stellte das Staatsministerium in einem Vermerk der Abteilung V die selbstkritische Frage, *„ob sich ein Bundesland wie Baden-Württemberg noch mehr Risiken aufladen kann als die von ihm abgesicherten Häuser in Singapur, Jakarta, Peking und bald auch noch Mexico-City".*[113] Dies lässt erkennen, dass das Engagement im Ausland risikobehaftet ist.

## 5.5. Informationssysteme/Datenbanken zur Außenwirtschaft

Alle hier vorgestellten Förderangebote und Maßnahmen der Institutionen sind im Internet platziert und in der Regel übersichtlich zu bedienen. Trotz der dominierenden Beteiligung der GWZ an den Homepages und Portalen ist das Internetangebot nicht einheitlich gestaltet. Durch die fehlende *Corporate Identity* kann die große Anzahl an Diensten im Bundesland mit unterschiedlichem Auftritt zur Verwirrung führen. Meistens sind die Seitenangebote in Deutsch und Englisch gehalten. Nur in wenigen Fällen auch in französischer Sprache. Die angelegten Links sind nicht alle aktiv, manche verweisen auf tote Adressen oder auf fremdsprachige Inhalte.

---

[111] Leibinger war Mitglied vieler Kommissionen des Landes zum Thema Wirtschaft. So zum Beispiel auch in der *Zukunftskommission* unter Lothar Späth.

[112] Georg Ris erläuterte das Label *German Center* mit dem Hinweis darauf, dass das Attribut Deutsch die Zielrichtung der Zentren mehr trägt, als die Angabe Bavarian, Swabian oder South-German Centers, die bei den Adressaten auf Unverständnis treffen würde. Georg Ris, Staatsministerium Baden-Württemberg, Gespräch am 6. Oktober 2000. Trotzdem forciert das WM BW so genannte „Baden-Württemberg-Häuser", so zum Beispiel für Automobilzulieferer in Detroit.

[113] Für das Projekt Mexiko-City trägt das Land eine Garantie von 10 Millionen DM.

## a) Informationssystem Außenwirtschaft

Die Verbreitung des Internets als Träger von allgemein zugänglichen Informationen war im Jahr 1997 der ausschlaggebende Impuls für Baden-Württemberg die bestehenden Datenarchive über institutionelle Akteure der Außenwirtschaft in Form einer Online-Datenbank aufzuarbeiten und somit eine Datensammlung zur einfachen Anwendung allen Interessierten gleichermaßen und kostenlos zur Verfügung zu stellen[114]. Das Informationssystem Außenwirtschaft (ISA) ist eine Datenbank, die es ermöglicht, direkten Zugang zu aktuellen Außenwirtschaftsinformationen zu erlangen. Sie soll den Unternehmen direkt, schnell und unkompliziert Informationen über Weltmärkte bieten. Das ISA basiert auf vier Informationselementen. (1) Zunächst werden Internetverknüpfungen zu Außenwirtschaftsinformationen geboten. Auf dieser Seite gibt es eine Sammlung zahlreicher Pfade zu Institutionen und Fachorganisationen. So zum Beispiel zu Ämtern, Marktforschungs- und Statistikinstituten, Industrie- und Handelskammern, Informationsdienste zu Weltregionen, Zollinformationen, Wissenschaft, Politik und Versicherungen. Die zahlreichen Links sind übersichtlich aufgebaut und über die Landesgrenzen vernetzt. (2) Ein zweiter Bestandteil des ISA sind Hinweise auf Außenwirtschaftsveranstaltungen. Das System ermöglicht den interaktiven Austausch von Anbietern und Nutzern aller Veranstaltungen auf dem Gebiet des Bundeslandes. (3) Das dritte Element bietet eine Übersicht über die zahlreichen Förderprogramme des Landes Baden-Württemberg, des Bundes, der Europäischen Union und weiterer internationaler Organisationen, mit denen Auslandsvorhaben von Unternehmen unterstützt werden können. Jedes Programm wird ausführlich und unter Angabe der jeweiligen Kontaktstellen vorgestellt. (4) Der letzte Bestandteil des Informationssystems ist der Erfahrungsaustausch in den Expertenpools.

---

[114] Das Informationssystem wird vom Land Baden-Württemberg, dem baden-württembergischen Handwerkstag, der GWZ, dem baden-württembergischen Industrie- und Handelskammertag, LVI, der VDMA-BW und dem Wirtschaftsverband Industrieller Unternehmen Baden e.V. getragen. Das Projekt wurde von der Bundesstelle für Außenwirtschaft aufgegriffen und für die Nutzung auf Bundesebene weiterentwickelt und angepasst.

Das länder- und branchenbezogene Fachwissen in exportorientierten Unternehmen soll mit diesem Pools vor allem an kleine und mittelständische Firmen weitergegeben werden. Der Online-Expertenpool ist jedoch nur ein Zugang zu dem, über das Internet nicht abrufbaren Dienst. Interessierte Unternehmen können sich über das Tool an die für sie zuständigen Organisationen wenden, mit deren Unterstützung Kontakte zu Experten vermittelt werden.

### b) business.germany-southwest.de

Unter der Domain business.germany-southwest betreibt Baden-Württemberg Standortwerbung und bietet eine Internetplattform, um direkte Informationen zu Branchen, Unternehmen und Fakten des Landes zu geben. Der Online-Eintrag ist für alle Unternehmen kostenlos. Neben dem landesspezifischen Angebot für ausländische Anwender werden auf der Seite mögliche Exportregionen vorgestellt. Absatzregionen werden nach einem ähnlichen Schema (Standortfaktoren, politisches System, etc.) nahegebracht.

### c) Investors Link - bw-invest.de

Die Seite bw-invest.de soll ausländische Investoren über das Land Baden-Württemberg und seine Wirtschaft informieren. Neben Standortdaten (Landesstruktur, Wirtschaft, Industriestruktur) enthält die Seite vorwiegend Verknüpfungen zu allem Kommunen und Unternehmen, die sich über diese Seite präsentieren lassen. Die Daten werden von der GWZ aufbereitet.

### d) Internet Initiative Außenwirtschaft - bw-export.net

Das Wirtschaftsministerium beauftragte im Jahr 2000 die GWZ ein Konzept zur Unterstützung von E-Commerce baden-württembergischer Unternehmen zu entwickeln. Daraufhin wurde im Oktober 2000 die Internet-Initiative-Außenwirtschaft unter Betreuung der GWZ gegründet. Eine Arbeitsgruppe[115] koordinierte die Anregungen aus den Bereichen der

---

[115] Die Arbeitsgruppe besteht aus WM BW, LVI, Handwerkstag, GWZ, RKW und IHKn.

Dienstleister beim Aufbau des bw-export.net. Inhalte der Offensive sind die Anwendung moderner Kommunikationsmittel bei: a) internationalem Vertrieb, b) Recherche von Vertriebspartnern, c) internationalem Webdesign, d) E-Commerce (Zahlungsverkehr), e) Webpromotion, f) Verlinkung und Bannerschaltung, g) Markforschungschancen durch Internetauftritt, h) Neukundengewinnung, i) sowie der Einbindung von Online-Diensten in die interne Geschäftskommunikation. Begründet wurde die jüngste Initiative mit der rasanten Zunahme virtueller Internetmarktplätze und die damit verknüpfte Ent-Grenzung geografischer Barrieren und traditioneller Handelsbeziehungen der Unternehmen. So steht in einer der ersten Informationen zum bw-export.net, dass sich Märkte künftig nicht mehr räumlich, sondern sachlich definieren. Und weiter „Gerade eine exportorientierte Wirtschaft wie die baden-württembergische muss das Thema also rasch und professionell anpacken."

## 6. Außenwirtschaftsförderung in Niedersachsen

Die niedersächsische Industrie war lange Zeit durch einige dominierende Großbetriebe gekennzeichnet Ein Leitbild für die Exportförderung hat sich genauso wie eine mittelstandsbezogene Außenwirtschaftsstrategie lange Zeit nicht entwickelt. Mit den Produktionskrisen der 80er Jahre und dem verschärften internationalen Wettbewerb wurde die Spezialisierung Niedersachsens auf Großbetriebe, die im Bereich der wettbewerbsfähigen Hoch- und Spitzentechnologie wenig innovativ waren, offensichtlich. Die Politik und Wirtschaft hatten dieser Entwicklung zunächst nur wenig entgegenzusetzen. Erst nach und nach beschäftigten sich die einzelnen Wirtschaftsinstitute und die staatlichen Stellen mit dem Problem der mangelnden Förderung der heimischen Wirtschaft. Die daraus resultierenden Strategiepapiere[116] hatten jedoch kaum Auswirkungen auf die tatsächliche Ausgestaltung der Unterstützung kleiner und mittlerer Unternehmen.

Nicht vorhandene Sekundärliteratur zur niedersächsischen Außenwirtschaftspolitik und -förderung im Vorfeld der Arbeit war ein Indiz fehlender relevanter Aktionen und Akteure im Bereich staatlicher Internationalisierungsanpassung.[117] In den neunziger Jahren hat vor allem das niedersächsische Institut für Wirtschaftsforschung (NIW) auf die Strukturprobleme des Standorts und die mangelnde außenwirtschaftspolitischen Vorgaben hingewiesen. Erst in den letzten Jahren, im Besonderen seit der Vereidigung des Ministerpräsidenten Gabriel 1999, geht die niedersächsische Landesregierung dieses Thema offensiver an und äußert sich in eigenen Publikationen zu den Aufgaben im Bereich Außenwirtschaft entschlossen. Durch die Benennung eines Ministers für Bundes-

---

[116] Eines dieser Strategiepapiere ist die *Strategie 2005*, veröffentlicht im Jahresbericht 1998 des WM NdS. Hier werden zur Unterstützung der Wettbewerbsfähigkeit a) Intensivierung der Forschungs- und Technologiepolitik, b) Finanzierung von Auslandsmaßnahmen/Garantien, c) Internationalisierungsförderung von Ku-MU d) Aufbau ausländischer Standorte und e) der Aufbau einer staatlichen Managementkapazität in diesem Bereich gefordert.

[117] Knodt schrieb nach Sichtung in Frage kommender Literatur in Tiefenwirkung europäischer Politik, dass „eine eigenständige niedersächsische Industrie- und Regionalpolitik [...] bis Anfang der neunziger Jahre kaum existent zu sein" scheint.

und Europaangelegenheiten, dem auch Personal für die Koordination der auswärtigen Wirtschaftsförderung untersteht, kann ein Paradigmenwandel in der niedersächsischen Außenwirtschaftspolitik festgestellt. Ministerpräsident Gabriel brachte neue Vorstellungen über Außenwirtschaftspolitik in Niedersachsen in die politische Diskussion ein. Er äußerte sich in einer Regierungserklärung über die Rolle der Landesregierung im Zuge der Internationalisierung, um *„Ziel und Richtung der Entwicklung aktiv mitbestimmen zu können.*[118]*"* Zwar sei Niedersachsen an internationale Maßstäbe gebunden, aber mit Hilfe der Europäischen Union könne das Land auch in der Zukunft ausreichend Arbeits- und Ausbildungsplätze zur Verfügung stellen.

Zur Neubestimmung der Rolle Niedersachsens bei der (Außen-) Wirtschaftsförderung erarbeitete die niedersächsische Landesregierung unter Gabriel das Mittelstandskonzept 2001[119]. Dieses sieht vor öffentliche Leistungen und andere Aufgaben, *„soweit sie nicht ersatzlos entfallen können, zur Entlastung der öffentlichen Haushalte auf die gewerbliche Wirtschaft, die Freien Berufe und Selbstverwaltungseinrichtungen der Wirtschaft zu verlagern und die Selbstverwaltungseinrichtungen der Wirtschaft zu stärken."*[120] Durch die Zitate sind die Zielrichtungen niedersächsischer Außenwirtschaftsförderung vorgezeichnet: Innerhalb der Europäischen Union kann Niedersachsen eine Rolle im Internationalisierungsprozess einnehmen. Im Land bedient sich die Regierung vor allem der vorhandenen Strukturen der verfassten Wirtschaft.

### 6.1.  Die Ministerien

Wie auch in Baden-Württemberg stehen Ministerien im Zentrum des Außenwirtschaftsnetzes. Die REGE-Studie ergab für Niedersachsen eine starke Dominanz des Wirtschaftsministeriums im Beziehungsgeflecht der Organisationen (C.7.2). Daneben waren das Ministerium für Wissenschaft und Kultur, das Sozialministerium und die Staatskanzlei von eini-

---

[118]  Vgl. Staatskanzlei Niedersachsen: Europafokus.
[119]  Niedersächsische Landesregierung: Ganzheitliches Mittelstandskonzept.
[120]  Ebd. S. 28.

ger Bedeutung. Im Bereich der Außenwirtschaft sind nach den Erkenntnissen dieser Arbeit das Wirtschaftsministerium und die Staatskanzlei mit der Förderung der Unternehmen und Beziehungen betraut. Die beiden anderen Ministerien werden in dieser Untersuchung nicht betrachtet.

### 6.1.1. Ministerium für Wirtschaft, Technologie und Verkehr

Im niedersächsischen Wirtschaftsministerium (WM NdS) ist das Referat Europäische Wirtschaftspolitik/Außenwirtschaft in die Abteilung Wirtschafts- und Technologiepolitik eingegliedert. 1995 äußerte das Ministerium im Wirtschaftsbericht, dass die Technologiepolitik eine Schlüsselposition für die weitere Entwicklung des Standorts Niedersachsen haben werde und deswegen in Zukunft neue Formen der Zusammenarbeit zwischen Industrie, Wissenschaft und Forschung, Verbänden, Gewerkschaften und Politik notwendig sind. Dialogorientiert sollten Gesprächskreise der genannten Gruppen unter Leitung des Ministeriums zur Bewältigung der Krisen durchgeführt werden.[121] Weiter führte das Ministerium aus, dass *„angesichts der Entwicklung im asiatisch-pazifischen Raum zu einem der bedeutendsten Wachstumsmärkte und des Aufschwungs in Lateinamerika die niedersächsische Wirtschaft umdenken muss und neben nordamerikanischem und europäischen Märkten die Wirtschaft auch diese Bereiche anpacken soll."*

Für die Gestaltung der Außenwirtschaftsförderung sieht das Ministerium folgende Aktivitäten vor:

* Außenwirtschaftliche Beratungsprogramme
* Auslandsmessen, Börsen, Symposien
* Garantieprogramme Mittel- und Osteuropa
* Vorbereitung und Durchführung von Delegationsreisen
* Politische Gesprächskreise

Auch in Niedersachsen werden nur einige der aufgeführten Aktivitäten durch die Ministerien selbst durchgeführt. Das Ministerium tritt vor allem bei der politischen Unterstützung der Exportindustrie und der Moderation

---

[121] Wirtschaftsministerium Niedersachsen, Wirtschaftsbericht 1995, S. 37.

zwischen den Interessengruppen in Erscheinung. Durch den Wechsel an der Spitze des niedersächsischen Wirtschaftsministeriums vor 1 ½ Jahren gab es viele strukturelle Veränderungen bei der internen Organisation und Definition der Aufgaben. Seit der Kabinettsumbildung wurden keine Delegationsreisen des WM NdS mit Beteiligung der Ministerin durchgeführt. Der Grund dafür wurde im Gespräch mit einem Repräsentanten des Wirtschaftsministeriums mit der notwendigen Orientierung nach der Amtsübernahme und der Expo 2000 angegeben. Während der Weltausstellung wurde Außenwirtschaftsförderung im Land betrieben.

In der Regel veranstaltete das WM NdS vier bis fünf Auslandsreisen mit politischer Teilhabe. Die Ziele werden nach Rücksprache mit Unternehmen und Verbänden ausgesucht. Die Reisen erfolgen in Kooperation mit der Außenhandelskammer und/oder der IHK Hannover-Hildesheim, die auch Teile des Programms vor Ort vorbereiten.

Das Ministerium greift in vielen Bereichen der Außenwirtschaft, getreu dem Grundsatz *„Vorrang der Selbsthilfe"* nicht selbst in die Strukturen ein. Im Bereich der Finanzwirtschaft zum Beispiel spricht es sich bei Banken für die Vergabe von Auslandskrediten aus oder unterstützt ideell Patenschaften zwischen Großbetrieben und kleineren Unternehmen bei Auslandsaktivitäten in Form von *„Huckepack-Modellen"* (Firmengemeinschaftsbüros).[122] Diese zurückhaltende Position ist eine kostengünstige Politik, die sich auf die Kräfte der niedersächsischen Wirtschaft verläßt. Gleichzeitig schwächt sie die Chance der Landesregierung auf Entscheidungen der Unternehmen direkten Einfluss zu nehmen.

### 6.1.1.1. Garantieprogramm für Mittel und Osteuropa

Durch das Garantieprogramm des Wirtschaftsministeriums sollen wirtschaftliche Risiken bei Beteiligungen an Joint-ventures in Staaten Mittel- und Osteuropas und Staaten auf dem Gebiet der ehemaligen Sowjetunion sowie in einigen ostasiatischen Entwicklungsländern abgedeckt werden. Garantien werden pro Unternehmen bis maximal 20 Millionen DM und maximal 70 Prozent der Kapitalbeteiligung vergeben. Antragsbe-

---

[122] Ebd.

rechtigt sind Unternehmen, die in Niedersachsen ansässig sind und die den Mittelstandsbegriff erfüllen

Seit 1992 wurden in Niedersachsen 37 Garantien mit Beträgen von bis zu 73,3 Millionen übernommen. Hauptregionen für die Joint-ventures waren Polen, Rumänien, Tschechien, Ungarn, Ukraine und Russland. Abgewickelt wird das Garantieprogramm über die private „Pricewater House Coopers" (PWC), Deutsche Revision AG in Hannover.

Garantieprogramme für Auslandsgeschäfte in andere Regionen als die oben genannten konnten im Zuge der Arbeit nicht gefunden werden. Das Wirtschaftsministerium Niedersachsens spricht sich, wie geschildert, in seinen Publikationen lediglich für die Bereitschaft der Finanzwirtschaft zur Vergabe von Auslandskrediten aus und verweist auf Hermes-Bürgschaften des Bundes.

### 6.1.1.2. Delegationsreisen

Die Ziele der durchgeführten Delegationsreisen werden vom niedersächsischen Wirtschaftsministerium mit der Anknüpfung von Geschäftskontakten und möglichen Beurteilung ausländischer Märkte vor Ort angegeben. Wie auch in Baden-Württemberg werden die Reisen in der Regel von hochrangigen Politikern begleitet und mit dem Besuch von Kooperationsbörsen oder Fachsymposien im Zielland verbunden. Vor allem für KuMU sollen die Reisen ihr Potenzial zur Internationalisierung erhöhen. Die Auswahl der Zielländer erfolgt nach regionalen und branchenspezifischen Aspekten.[123] In einer Studie des NIWs über die außenwirtschaftliche Verflechtung Niedersachsens wurde herausgestellt, dass vor allem Reisen in Zielländer, in denen staatliche Stellen die wichtigen Entscheidungen treffen, durch kein anderes Förderungsinstrument zu ersetzen

---

[123] In den Jahren 1994 bis 1999 gab es neun Delegationsreisen unter Führung des WM BW. Davon gingen fünf Reisen in Länder, in denen die Volkswagen AG Produktionsstätten unterhält. Vgl. Niedersächsisches Institut für Wirtschaftsforschung: Ansatzpunkte zur Optimierung der Effizienz von Wirtschaftsdelegationsreisen, S. 7.

sind. Bei Reisen in diese autoritären Staaten ist die Präsenz des Ministers oder Ministerpräsidenten von größter Bedeutung.[124]

Im Jahr 1999 gab es drei Delegationsreisen mit Beteiligung des Ministerpräsidenten. Ziele waren China, der Iran und Kasachstan. Im zurückliegenden Jahr waren die vier Ziele Japan, die Vereinigten Staaten, Südafrika und der Iran. Neben den außenwirtschaftlichen Auswirkungen der
Reisen bemisst das NIW den Maßnahmen eine *„nicht zu unterschätzen-
de Innenwirkung"* zu. Die Unternehmen verbessern ihren Kontakt zu den
Ministerien und sehen ihren nationalen Konkurrenten als Partner mit
gleichen Interessen auf ausländischen Märkten.[125]

### 6.1.2. Staatskanzlei

Zu den Aufgaben der Staatskanzlei Niedersachsens (SK NdS) im Bereich Außenwirtschaftspolitik gehören:

- Kontakte zum Ausschuss der Regionen
- Koordination der Europapolitik der Landesregierung
- Unterhaltung von Vertretungen in Berlin und Brüssel
- Koordination der grenzüberschreitenden Zusammenarbeit

Ausgelöst durch den angekündigten Wechsel in der Förderpolitik des
Landes und die Aufwertung der Staatskanzlei durch einen Minister für
Europa- und Bundesangelegenheiten, beschäftigt sich die Staatskanzlei
derzeit mit folgenden vier Konzepten:[126]

- Erarbeitung und Umsetzung eines Konzeptes zur Optimierung der
  Beratungsstrukturen über europäische Förderprogramme
- Entwicklung eines branchenspezifischen Fördermarketings als In-
  strument der Wirtschaftsförderung

---

[124] Wirtschaftsministerium Niedersachsen: Jahresbericht 2000/ 2001, S. 49.
[125] Niedersächsisches Institut für Wirtschaftsforschung: Ansatzpunkte zur Optimierung der Effizienz von Wirtschaftsdelegationsreisen, S. 35. Ähnlich schätzen
auch die befragten Vertreter des WM BW und der GWZ die Binnenwirkung ein.
[126] Vgl. www.niedersachsen.de/STK1.htm.

- Koordination der internationalen Zusammenarbeit, der Entwicklungspolitik und der humanitären Hilfe der Landesregierung
- Konzeption und Umsetzung einer Qualifizierungsoffensive für Europa in der niedersächsischen Landesverwaltung

Die angekündigte Offensive des Landes als aktiver Mitspieler und Gestalter des Internationalisierungsprozesses in der angeführten Regierungserklärung hat bis zur Anfertigung der Arbeit zu noch wenigen deutlichen Veränderungen geführt. Seit dem Jahr 2000 veröffentlicht die Staatskanzlei den *Europa-Fokus*. Der Europa Fokus ist ein Informationsangebot der Niedersächsischen Staatskanzlei und beschäftigt sich ausschließlich mit dem Europa der EU.

## 6.2. Außenwirtschaftsförderung in NdS (Tab.C.7.)

| | Instrumente/Maßnahmen | Akteure |
|---|---|---|
| **Politische Unterstützung** | - Strategie Entscheidungen<br>- Spitzengespräche<br>- Administrative Anbahnung &<br>  Unterstützung<br>- Vereinbarung von Zusammenarbeit<br>- Handelserleichterung | - Ministerien<br>- Regierungsvertreter<br>- Ministerien<br>- Regierungsvertreter<br>- Regierungseinfluss<br>  auf Bundespolitik |
| **Informationsvermittlung und Erfahrungsaustausch** | - Beratung Forschung &<br>  Technologie<br>- Informationsgespräche<br>- Printmedien, Internet,<br>- Datenbanken<br>- Fachthematische Veranstaltungen<br>- Erfahrungsaustausch<br>- Kontaktkonferenzen<br>- Beratung zu Export- &<br>- Exportkooperation | - NATI<br>- IHK<br>- IHK<br>- IHK<br>- IHK<br>- IHK |
| **Markterschließung im Ausland** | - Beratung Außenwirtschaft<br>- Firmenpool<br>- Informationsreisen<br>- Kontakt und Kooperationsbörsen<br>- Wirtschaftsdelegationsreisen<br>- Wirtschaftsdelegationsreisen<br>  mit politischer Begleitung | - IPA, RKW<br>- IPA, RKW &,IHK<br>- IPA, IHK<br>- IPA, IHK<br>- IPA, IHK<br>- Ministerien, IPA &<br>  IHK |
| **Messewesen** | - Technische Symposien<br>- Katalogausstellungen<br>- Firmengemeinschaftsausstellungen | - IHK<br>- IHK<br>- IHK |
| **Unternehmensindividuelle Dienstleistungen** | - Individuelle Marktuntersuchung<br>- Recherche von Kooperationspartnern<br>- Einzelberatung zur F& E<br>  Förderung | - IHK, RKW<br>- IHK, RKW<br>- NATI |
| **Finanzdienstleistungen** | - Garantieprogramm<br>- Osteuropa | - WM NdS/PWC |

Eigene Darstellung

## 6.3.  Institutionen und ihre Instrumente

In den folgenden Abschnitten werden die wichtigsten Akteure der Außenwirtschaftsförderung in Niedersachsens mit ihren Förderzielen, Programmen und Maßnahmen vorgestellt. Die Einrichtungen werden im Wirtschaftsbericht 2001 unter der Überschrift: *„Dialogorientierte Wirtschaftspolitik: Mit Partnern zum Erfolg"* vorgestellt.

### 6.3.1. Investment Promotion Agency

Die Investment Promotion Agentur (IPA) wurde im Auftrag des Landes Niedersachsen als zentraler Ansprechpartner für Ansiedelungen ausländischer Unternehmen zu Beginn der neunziger Jahre gegründet. Die Aufgaben der Agentur wurden 1998 um die Außenwirtschaftsberatung und Förderung von Auslandsvertretungen niedersächsischer Unternehmen erweitert.

### 6.3.1.1. Maßnahmen im Bereich der Gewerbeansiedelung

Im Kernbereich der IPA, der Unternehmensansiedlung, werden potenzielle Investoren beraten und betreut. Die strategische Akquisition richtet sich sektoral nach Wachstumsbranchen und regional nach Zielländern. Bevorzugte Zielländer sind Nordamerika, Südostasien und die europäischen Staaten.[127] Zur Gewinnung ausländischer Unternehmen für eine Investition in Niedersachsen wurden in Japan, den Vereinigten Staaten, Südkorea und Taiwan Repräsentanzen der IPA aufgebaut. Seit 1993 war die IPA nach eigenen Angaben in mehr als 160 Fällen an Unternehmensansiedlungen ausländischer Unternehmen beteiligt.[128]

Eigens für die Vermarktung der See- und Flusshäfen Niedersachsens wurde 1999 unter dem Dach der IPA die Port Promotion Agency Niedersachsen eingerichtet. Zu ihren Aufgaben gehört die nationale und internationale Vermarktung des Hafenstandortes Niedersachsen.

### 6.3.1.2. Maßnahmen im Bereich Außenwirtschaft

Im Bereich der Außenwirtschaft nennt die IPA folgende Dienstleistungen, die von ihr im Auftrag des Wirtschaftsministeriums angeboten werden:

• Durchführung Auslandsmesse-Förderprogramm

• Durchführung von Beratungsprogramm Außenwirtschaft

---

[127] Wirtschaftsministerium Niedersachsen: Wirtschaftsbericht 1995, S. 38.
[128] Wirtschaftsministerium Niedersachsen: Jahresbericht 2000, S. 51.

- Durchführung von Standort-Analysen, Informationsbeschaffung
- Nachweis von Gewerbeflächen und Immobilien
- Beratung zu Fördermöglichkeiten
- Hilfe bei Paragrafen und gesetzlichen Bestimmungen
- Unterstützung bei Partnersuche
- Begleitung der Projekte bis zur Realisation

**a) Beratung Außenwirtschaft**

Mit dem Programm Beratung Außenwirtschaft sollen kleinen und mittleren Unternehmen alle relevanten Informationen für ihren Markteintritt in ausländische Märkte vermittelt werden. Das Angebot der IPA umfasst folgende Aspekte:

- Beurteilung von Absatz- und Beschaffungschancen
- Organisation des Außenhandels
- Aufbau einer Beschaffungs- und Absatzorganisation
- Vertragsgestaltung, Finanzierung
- Zoll- und steuerrechtliche Behandlung
- Lizenz-, Kooperationsfragen und Auslandsinvestitionen
- Beteilgung an Firmenpools

Gefördert werden pro Unternehmen zwischen 8 und 15 Beratungstage mit einem Arbeitsaufwand von bis zu 750 DM pro Tag. Förderfähig sind mittelständische Betriebe. Die Maßnahmen werden von dem RKW Niedersachsen oder anderen Unternehmensberatungen durchgeführt. Die IPA weist darauf hin, dass vor Inanspruchnahme der Leistungen *„die kostenlosen Informationen von Kammern, Verbänden oder öffentlichen Stellen" eingeholt werden sollen.*[129]

**b) Firmenpoolbeteiligung**

Ziel der seit 1997 geförderten Firmenpools im Ausland ist die Hilfe zum Markteintritt in schwierige oder weit entfernt liegende Märkte. Als Fir-

---

[129] Vgl.: Investment Promotion Agentur: Merkblatt Förderung außenwirtschaftlicher Beratungsmaßnahmen.

menpool gilt der Zusammenschluss mehrerer Unternehmen zu einer Interessengemeinschaft, die sich gemeinschaftlich an einem von den Bundesländern und/oder den Industrie- und Handelskammern getragenen Auslandsbüro beteiligen. Die Leistungen des Firmenpoolprogramms umfassen keine Beratungen oder Hilfen für die Recherche des Standortes oder weiterer Partner im Poolprojekt. Die Fördersumme beträgt pro Unternehmen 50% der Kosten (bis maximal 15.000 DM pro Jahr) und wird maximal zwei Jahre gefördert.

## c) Auslandsmesseförderung

Aufgabe des Programms ist vor allem, kleinen und mittleren Unternehmen die Präsentation ihrer Produkte und die Demonstration ihrer Leistungen auf Messen, Ausstellungen und vergleichbaren Veranstaltungen im Ausland zu ermöglichen. Bezuschusst werden Ausgaben für Standmieten, für Ausstattung der Präsentation, für notwendiges Fremdpersonal und Transportkosten für die Exponate. Die Fördergelder betragen sich bis maximal 50 Prozent der anfallenden Kosten und bis 6.000 DM innerhalb und 12.000 DM außerhalb Europas. Die Förderkriterien entsprechen denen des Beratungsprogramms Außenwirtschaft.

Die Auslandsmesseförderung des Landes Niedersachsen sieht sich ausdrücklich als Ergänzung zu den Angeboten der Kammern und der Auslandshandelskammern.[130]

## d) Information

Im Bereich der Informationsbeschaffung über ausländische Märkte verweist die Homepage der IPA auf das Angebot des Bundeswirtschaftsministeriums: www.ixpos.de. Niedersachsen hat, sieht man von den rudimentären Angaben auf den Homepages des Landes und der IPA ab, bisher kein vergleichbares System für Unternehmensansiedelung oder zur Information bei Außenwirtschaftsvorhaben aufgebaut. Der zweisprachige Internetauftritt der IPA ist in seinem Informationsangebot knapp gehalten. Das Angebote war zum Zeitpunkt der Erhebung nicht aktualisiert.[131] Die Leistungen im Bereich Außenwirtschaft werden kaum berücksichtigt.

Im Zuge der Recherche hat sich gezeigt, dass die IPA für Außenwirtschaftsberatung zwar der zentrale Ansprechpartner des Landes ist, selbst aber nur zwei Personalstellen zur Betreuung der Programme aufweist. Aufgrund dieser schwachen Ausstattung arbeitet die Investment Promotion Agentur bei Maßnahmen im Ausland mit den jeweiligen Industrie- und Handelskammern zusammen und kann der politisch gewollten starken Position Niedersachsens mit seiner Außenwirtschaftsförderung kaum eigene Impulse geben.

Die IPA hatte im Jahr 2000 elf Mitarbeiter, denen für die Maßnahmen im Bereich Akquisition, Außenwirtschaft und Port Promotion insgesamt 3.4 Millionen DM zur Verfügung standen.

### 6.3.2.  Rationalisierungskuratorium deutsche Wirtschaft Nord e.V.

Das RKW Nord[132], Landesverband Niedersachsen führt das Beratungsprogramm Außenwirtschaft im Auftrag der Investment Promotion Agentur durch. Der private Selbsthilfeverein der deutschen Wirtschaft engagiert sich darüber hinaus im Bereich der Außenwirtschaftsinformation und -beratung in Niedersachsen. Das RKW ist kein offiziell eingebundener Partner des Landes Niedersachsen

### 6.3.3.  Industrie- und Handelskammern in Niedersachsen

Die Industrie- und Handelskammer Hannover-Hildesheim koordiniert federführend das Außenwirtschaftsangebot der IHKn in Niedersachsen. Zu den Aktivitäten der Abteilung Außenwirtschaft gehören

- Koordination von IHK Unternehmensreisen & Messebeteiligungen
- Länderspezifische Arbeitskreise

---

[130]  Vgl.: Investment Promotion Agentur: Merkblatt Auslandsmesse-Förderprogramm.

[131]  Noch im Juli stand auf der Homepage: „In Kürze erhalten Sie an dieser Stelle eine Übersicht über die etwa 5-10 geplanten Gemeinschaftsbeteiligungen an Auslandsmessen für 2001."

[132]  Ein Zusammenschluss aus den RKW Hamburg, Niedersachsen, Schleswig-Holstein und Mecklenburg-Vorpommern

- Exportberatung: Bestimmungen zu Auslandsinvestitionen, Immobilienerwerb, Devisenrecht, Steuerrecht, Rechtsdurchsetzung im Ausland, Arbeits- und Sozialrecht
- Kooperationsbörsen Vermittlung von Ansprechpartnern im Ausland und zu Instituten, Ämtern, Fachanwälten, Dolmetschern, Sachverständigen und Übersetzern
- Marktstudien, Standortanalysen
- Publikationen (*Außenwirtschaft Aktuell*)

Die Abteilung Außenwirtschaft ist ähnlich wie die baden-württembergische IHK Region Stuttgart in Fachbereiche unterteilt. Diesen gehören insgesamt sechs Mitarbeiter an.

Auch die Aktionen der IHKn in Niedersachsen gehören nur im weiteren Sinne dem Außenwirtschaftsnetzwerk des Landes an. Handelt es sich doch bei diesen nicht um staatlich beauftragte Akteure der Außenwirtschaftsförderung, sondern um den Zusammenschluss der Industrie und des Handwerks in Niedersachsen, das sich getreu dem Grundsatz der unternehmerischen organisierten Selbsthilfe zu einer schlagkräftigen Selbstförderung zusammengefunden hat.

### 6.3.4. Niedersächsische Agentur für Technologietransfer & Innovation

Die Niedersächsische Agentur für Technologietransfer und Innovation (NATI) ist die trägerübergreifende Plattform zum Informationsaustausch und zur Koordination von Technologietransfer und Innovationen. Gesellschafter der Technologieagentur sind das Land Niedersachsen, die Norddeutsche Landesbank und das Institut der Niedersächsischen Wirtschaft e.V.

Zu ihren Aufgaben im Bereich der Außenwirtschaftsförderung gehören:

- Beratung und Unterstützung für Landes-, Bundes- und EU-Förderprogramme
- Transfer von Ergebnissen

- Beratung und Unterstützung kleiner und mittlerer Unternehmen bei Technologietransfer, Innovation, Kooperation, Förderprogrammen und in europäischen Fragen.

Das Aufgabengebiet der NATI ist, ähnlich wie bei dem baden-württembergischen SEZ vor allem Deutschland und Europa.

### 6.3.5. Niedersächsisches Institut für Wirtschaftsforschung

Das Niedersächsische Institut für Wirtschaftsförderung (NIW) erstellt für das Land Niedersachsen, Verbände und Kammern Studien über die Leistungsfähigkeit der niedersächsischen Exportwirtschaft und gibt als wissenschaftliche Einrichtung des Landes Empfehlungen über wichtige Schritte der Außenwirtschaftsförderung. Das NIW zeigt sich in seinen Einschätzungen über den Standort Niedersachsen und die Außenwirtschaftsförderung skeptisch. Das Institut veröffentlichte in den letzten Jahren Beiträge mit den Titeln „Außenwirtschaftliche Verflechtungen der niedersächsischen Wirtschaft", „Außenwirtschaft Niedersachsen" und „Ansatzpunkte zur Optimierung der Effizienz von Wirtschaftsdelegationsreisen".

# 7.  Interregionale Vernetzung

Zum Abschluss der Außenwirtschaftsbetrachtung beider Vergleichsregionen und zur Vertiefung der Erkenntnisse wird auf ein Teilergebnis des Projekts Regionen als Handlungseinheiten in der europäischen Politik (REGE) am Mannheimer Zentrum für Europäische Sozialforschung eingegangen.[133] Die REGE-Studie stellte einen Vergleich neun europäischer substaatlicher Regionen, namentlich Wales, Sizilien, Lombardei, Languedoc-Roussillon, Rhône-Alpes, Andalusien, Katalonien, Niedersachsen und Baden-Württemberg an. Zur Erhebung der Daten wurde eine Umfrage mit 1250 Fragebögen durchgeführt und durch Interviews mit Eliten auf privater, halb-öffentlicher, gewerkschaftlicher und öffentlicher Ebene in den Regionen ergänzt. Im Zentrum der Fragen standen die Strukturen der Wirtschaft, Politik und Administration, ihr Verhältnis zueinander und die Einschätzung der Fähigkeit der Akteure zur Modernisierung.

Die folgenden Darstellungen (C.14 und C.15) sind Pfaddistanzen, die die Kommunikationskanäle innerhalb einer Region zwischen den Akteuren widerspiegeln. Pfaddistanzen geben Auskunft über die direkten und indirekten Beziehungen der im Netzwerk enthaltenen Institutionen. In der Peripherie befinden sich kleinere Teile des Netzwerks. Die Stellung der Institutionen im Modell lässt Aussagen über die Zentralität ihrer Funktion zu. Auch wenn diese Methode zum Vergleich der Untersuchungseinheiten nicht besonders aussagekräftig ist, lassen sich Charakteristika, die schon in der Einzelbetrachtung sichtbar wurden, wiedererkennen.

Die der nachfolgenden Grafiken C.14. und C. 15. zugrunde liegende Fragestellung lautete:

> *„Der Zusammenarbeit zwischen Organisationen verschiedener Art wird eine große Rolle bei der wirtschaftlichen Entwicklung innerhalb der Region zugemessen. Dies gilt sowohl für die Wirtschaft als auch für die Politik. Wir wollen nun einige Fragen zu den in ihrer Region*

---

[133]  Grundlage sind die Analysen Michèle Knodts, die Mitarbeiterin des REGE-Projekts war. Diese wurden in der Dissertation: Michèle Knodt: Tiefenwirkung europäischer Politik veröffentlicht.

aktiven Organisationen und ihre Beziehungen untereinander stellen. Welche Organisationen halten Sie für die Entwicklung Baden-Württemberg (Niedersachsen) besonders wichtig. Zu welcher Organisation halten Sie regelmäßige Beziehungen?"

Zur Vereinfachung des Modells werden nicht alle Institutionen, die in die Untersuchung des REGE-Projekts eingeflossen sind, betrachtet. Nur die zentralen Beziehungsgeflechte werden angesprochen.

Abb. C.14. Beziehungsgeflecht in Baden-Württemberg

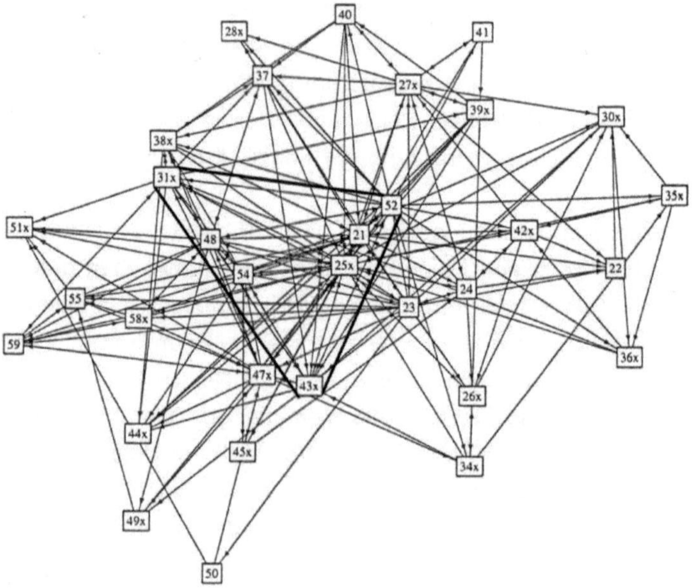

| | | | |
|---|---|---|---|
| 21 | Staatsministerium | 23 | Ministerium für Wissenschaft |
| 24 | Finanzministerium | 25 | Wirtschaftsministerium |
| 26 | Ministerium Ländlicher Raum | 31 | **Landesgewerbeamt** |
| 37 | BDI BW | 39 | DGB Baden-Württemberg |
| 40 | IG-Metall | 43 | **IHK** |
| 45 | Landeskreditbank | 47 | Steinbeis-Stiftung |
| 48 | SEZ | 52 | **GWZ** |
| 54 | Euro Info Center, BIC | 58 | Universitäten |

Quelle: REGE (angepasst), 1996, Frage 23.

Abb. C.15 Beziehungsgeflecht in Niedersachsen

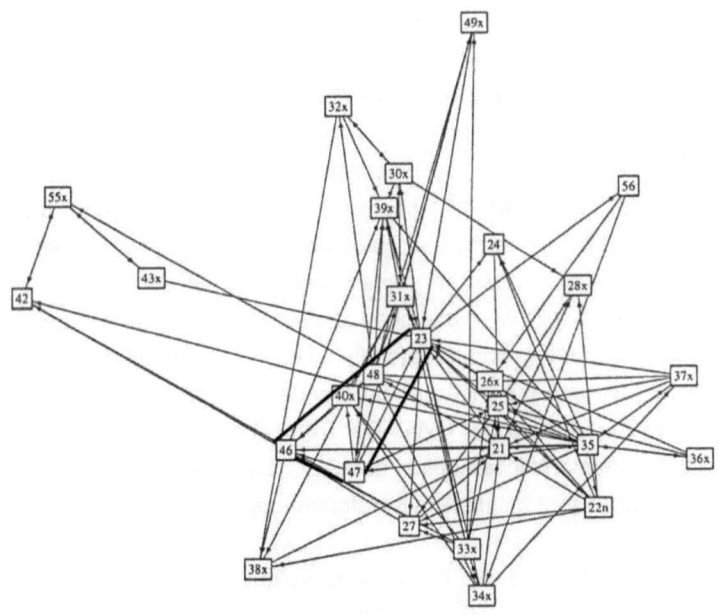

| | | | |
|---|---|---|---|
| 21 | Staatsministerium | 22 | Innenministerium |
| 23 | **Wirtschaftsministerium** | 24 | Finanzministerium |
| 25 | Sozialministerium | 26 | Wissenschaftsministerium |
| 31 | Kreisverwaltungen und | | |
| | Verwaltungen kreisfreier Städte | 33 | BDI Niedersachsen |
| 34 | Branchenverbände | 35 | DGB Niedersachsen |
| 36 | IG-Metall | 40 | **Handwerkskammern** |
| 42 | Nord LB | 43 | Transferzentren |
| 46 | **NATI** | 47 | **RKW** |
| 48 | EU-Hochschulbüro | 55 | Universitäten |

Quelle: REGE (angepasst), 1996, Frage 23.

Beim Vergleich der Abbildungen C.14 und C.15 fällt auf, dass sich die Kommunikationsnetze in beiden Ländern deutlich unterscheiden. In Baden-Württemberg sind diese dichter geknüpft, als in Niedersachsen. Des Weiteren ist augenfällig, dass in beiden Ländern unterschiedliche Institutionen im Mittelpunkt der Beziehungen stehen.

In Baden-Württemberg stehen das Wirtschafts- und Staatsministerium zusammen mit der GWZ im Mittelpunkt der Kommunikationswege. Zieht man von der GWZ zur IHK und weiter zum Landesgewerbeamt Verbindungslinien, so ergibt das hervorgehobene *Außenwirtschaftsdreieck*, in dem die wichtigen Institutionen liegen. Im Zentrum stehen, wie beschrieben die beiden Ministerien, auf einem Schenkel liegt das SEZ. Die auffällige Nähe der GWZ zum Wirtschaftsministerium ist auch durch die Ansiedlung der GWZ im Stuttgarter Haus der Wirtschaft, gleich neben dem WM BW, gegeben. Neben der reinen geografischen Nähe gibt es auch erhebliche personelle Vernetzungen der Institutionen. So ist zum Beispiel der Regierungsbeauftragte für Technologietransfer des Wirtschaftsministeriums gleichzeitig Vorsitzender der Steinbeis Stiftung und Mitglied im Aufsichtsrat der GWZ. Der Europabeauftragte der Landesregierung ist hauptamtlicher Leiter der SEZ. Der Vorsitzende der GWZ-Geschäftsführung ist Mitglied im Kuratorium der Steinbeis Stiftung.

In Niedersachsen sind die Beziehungsstrukturen im Zentrum nicht so stark entwickelt, wie in Baden-Württemberg. Hier sind die dem Wirtschaftsministerium räumlich nächsten Institutionen die Kreisverwaltungen und Verwaltungen kreisfreier Städte. Dies ist damit zu erklären, dass in Niedersachsen die regionale Wirtschaftsförderung und Raumplanung vorwiegend auf der kommunalen Ebene abgewickelt wird und diese E-bene stärker in die Politikgestaltung eingebunden ist als in Baden-Württemberg. Die gedachte Verbindung vom Wirtschaftsministerium, zum RKW, weiter zu den IHKn und wieder zum Wirtschaftsministerium ergibt ein recht ungleichmäßiges *Trapez der Außenwirtschaftsförderung* (hervorgehoben) in Niedersachsen. Die IPA war zum Zeitpunkt der Erhebung der REGE-Daten noch nicht mit Außenwirtschaftsförderung -und beratung beauftragt. Es ist anzunehmen, dass die Agentur bei einer erneuten Analyse des Beziehungsgeflechts analog zur GWZ in Baden-Württemberg im Zentrum anzutreffen wäre.

## 8. Zwischenresümee

### Baden-Württemberg

Zusammenfassend kann für die baden-württembergische Außenwirtschaftsförderung festgestellt werden, dass es eine große Anzahl Institutionen gibt, die sich in ihren Dienstleistungen ergänzen. Im operativen Zentrum des Netzwerks befindet sich die Gesellschaft für internationale wirtschaftliche Zusammenarbeit und darüber das Wirtschaftsministerium. Das System der Außenwirtschaftsförderung wurde seit der Initiative zur Sachverständigenkommission *Exportförderung Baden-Württemberg* immer weiter ausgebaut. Es wurden neue Angebote geschaffen und neue Aktionsformen für die substaatliche Repräsentation auf internationaler Ebene gefunden. In Baden-Württemberg werden indirekte und direkte Fördermaßnahmen angeboten. Zu den indirekten gehören Informationsrecherchen und Factraisingmaßnahmen. Im Bereich der unmittelbaren direkten Fördermaßnahmen werden sowohl materielle, wie funktionelle Maßnahmen angeboten.

Die Darstellung des kompletten Angebots der Dienstleistungen im Bundesland und Maßnahmen vor Ort zeigt, dass durch die vielen Anbieter leicht der Überblick über die sich gegenseitig ergänzenden Programme verloren gehen kann. Vor allem da, wo das Land eigens dafür geschaffene Institutionen mit der Wahrnehmung der Interessen beauftragt hat, kann man von modernem Regieren und privat-öffentlicher Partnerschaft sprechen. Das Bundesland nutzt den rechtlichen Rahmen und die finanziellen Mittel für die Außenwirtschaftsförderung weitestgehend aus.

### Niedersachsen

Das System niedersächsischer Außenwirtschaftsförderung ist durch folgende Aspekte gekennzeichnet:

- Die Strategien zur Bündelung der Außenwirtschaftsmaßnahmen und zum Ausbau des Rangs niedersächsischer Exporte hatten in der Vergangenheit nur eine mittelfristige Reichweite.

- Die Wirtschaftsverbände erfüllen zentrale Aufgaben der Wirtschaftsberatung. Sie sind keine offiziellen Partner des Landes.
- Das Prinzip des Vorrangs der Selbsthilfe spielt eine große Rolle. Unternehmen erhalten kaum strategische Vorgaben bzw. finanzielle Anreize für ein spezielles Engagement im Ausland.
- Die meisten Maßnahmen des Landes sind kostenneutral angelegt (z.B. Huckepack-Modell). Unternehmerische Risiken sollen durch Unternehmen getragen werden.

Abschließend kann gesagt werden, dass die aufgezeigte Rolle der substaatlichen Region Niedersachsen lange Jahre durch Passivität geprägt war und im Vergleich mit anderen SRn verspätet definiert wurde. Das Land sieht sich als Mittler zwischen den einzelnen Akteuren und verlagert staatliche Bereiche auf private Akteure der Meso-Ebene. Es entstehen dadurch keine neuen kooperativen Arrangements, sondern Bereiche, in denen der Staat keinen direkten Einfluss hat. Niedersachsen versucht die anstehenden wirtschaftlichen Aufgaben der Zukunft im Rahmen der erweiterten Europäischen Union zu lösen und nutzt mit dieser Strategie die internationale politische Plattform und den rechtspolitischen Rahmen im Bereich der Wirtschaftsförderung nur teilweise aus.

# - TEIL D -

Wie wirken sich zunehmende wirtschaftliche Verflechtungen auf die Ein-
schränkung oder Erweiterung von Handlungsoptionen substaatlicher
Wirtschaftssubjekte und auf die Problemlösungsfähigkeit des Regierens
in den substaatlichen Regionen aus? Zur Beantwortung der forschungsleitenden Frage wurden zwei Strategien eingeschlagen. Im theoretischen
Teil wurden die politikwissenschaftlichen Vermutungen über die zunehmenden wirtschaftlichen Verflechtungen und die Auswirkungen auf
Regierungshandeln vorgestellt und getestet. Im empirischen Teil wurde
die Außenwirtschaftspolitik in zwei substaatlichen Regionen analysiert.
Dies abschließende Kapitel dient der Zusammenfassung und Beurteilung
der Ergebnisse.


## 1.    Bemerkungen zu den vorgestellten Erklärungsansätzen

In dieser Arbeit wurde für die zunehmende internationale Verflechtung
zwischen den Wirtschaftssubjekten auf staatlicher und privater Ebene
anstelle des häufig benützten Begriffs *Globalisierung* mit dem grundle-
genden Begriff *Internationalisierung* gearbeitet. Dies hat zwei Gründe.
Der erste ist pragmatisch. Die Verwendung von Internationalisierung
lässt Spielraum für die Einbeziehung staatlicher Akteure mit aktiver
Steuerungsfunktion. Der zweite Grund ist die tatsächliche Bedeutung
des Begriffs. Mit der Auswahl Internationalisierung wird den drei Mor-
phemen des Wortes Rechnung getragen: a) Es handelt sich um etwas
Internationales, also Zwischenstaatliches, das die Verbindung der Elemente von Staaten untereinander bezeichnet, b) -national bedeutet die
Einbeziehung nationaler Faktoren, d.h. die Elemente, die den Staat
ausmachen (Territorialität, Souveränität und Legitimität), c) das Wort
beschreibt durch die suffixiale Bildung mit der Endung –isierung einen
Prozess, der die internationale, globale, regionale und substaatliche Di-

mension zulässt. Abgesehen von den Begriffsdiskussion, der sich zum Beispiel auch Edgar Grande und Thomas Risse in ihrem Aufsatz Bridging the Gap stellten[134], wurden im Theorieteil die Fragen nach der Leistungsfähigkeit staatlicher Akteure unter dem Einfluss von Ent-Grenzungsprozessen gestellt. Die meisten Autoren, die die Zukunft des Regierens auf den oberen Ebenen, so zum Beispiel der europäischen oder transnationalen Ebene, sehen, richten ihr Augenmerk nicht auf das substaatliche Niveau. Die Politisierungsthese beschreibt bei diesen Betrachtungen in der Regel Macht- und Steuerungsverlust und Aufwertung der gesellschaftlichen Gruppen. Das von der *Realistischen Schule* und der *Rational Choice Theory*[135] formulierte Machterhaltungsinteresse von Regierungen fließt bei den Autoren in die Argumentation ein, die den Staat als Bedingung für Veränderungen und als Akteur bei der Anpassung betrachten. Mit dem eher staatszentrierten Ansatz von Link und Maull kann der Versuch unternommen werden, das aufgezeigte Verhalten substaatlicher Akteure zu erklärt. Ob die angepasste Politik zu einem angestrebten Ziel führt, kann nur im Einzelfall beantwortet werden.

Die theoretischen Ansätze bieten keine konkreten Handlungsanleitungen für Staaten aus dem Ent-Grenzungsdilemma herauszukommen. Abschließend kann über die Ansätze gesagt werden, dass viele Einschätzungen über die Folgen der Internationalisierung auf einer empirisch schwachen Basis argumentieren und eher spekulativ sind. Deswegen sollten hier nicht generelle Aussagen über den Einfluss der Internationalisierung als solche auf den Staat getroffen werden, sondern mit Analysen die Prozesse der Vergangenheit und der Gegenwart analysieren. Die Schwierigkeit bei diesem Vorgehen mit Einzelfallanalysen ist, dass

---

[134] Trotz Zweifel hielten sie am Begriff Globalisierung fest.: „*Obwohl wir uns darüber im klaren sind, dass die verschiedenen Begriffe nicht deckungsgleich sind und die Kritik am Begriff Globalisierung durchaus berechtigt ist, verwenden wir ihn [...] aus pragmatischen Gründen, da er sich inzwischen nicht nur in der öffentlichen, sondern auch in der sozialwissenschaftlichen Diskussion weitgehend durchgesetzt hat.*" (Ebd. Seite 236.) Diese Begründung kann im Bereich einer wissenschaftlichen Arbeit (m. E.) nicht gelten.

[135] Vgl. Anthony Downs: Ökonomische Theorie der Demokratie. Und Mancur Olson: Die Logik des kollektiven Handelns. S.1f

die messbaren Veränderungen und Anpassungen nicht isoliert von anderen Neuerungen und Dynamik gesehen werden kann, sondern in den Kontext der Gesamtentwicklung eingebettet ist. Folgt man den vorgestellten Überlegungen zu den Möglichkeiten substaatlicher Regionen, so müssen die Ansätze neben dem *Ob* auch das *Wie* der Anpassung erklären. Zwei dieser Möglichkeiten sind das (Global)-Governance-Konzept und die Privat-Public-Partnership. Beide Ansätze beziehen sich auf Kooperationsmodelle, in denen die Gesellschaft einbezogen wird. Das Governance-Konzept sieht vor allem eine Stärkung der Vertikalen mit gebrochenen Machtverhältnissen vor. Politische und private Akteure interagieren ohne vorgegebene Hierarchien je nach Bedarf und Fall. Das Modell enthält Anlehnungen an Putnams *Two Level Game* - jedoch mit neuen Machtverhältnissen. Auch die Privat-öffentlichen-Partnerschaften verknüpfen Ebenen. Mit ihnen entstehen, wie dargestellt wurde, auf der Meso-Ebene neue Regierungsformen die kooperativ Aufgaben lösen und sich den Veränderungen flexibel anpassen können.

## 2. Bewertung und abschließende Bemerkungen zu den Regionen

Es hat sich gezeigt, dass Baden-Württemberg und Niedersachsen ihre Rolle als internationale Akteure erkannt haben und dass beide Bundesländer versuchen, dieser Rolle unter Einbeziehung der gesellschaftlichen Akteure gerecht zu werden. Traditionell hatten die deutschen Länder ihre internationalen Aktionen dem dualen politischen System untergeordnet. Dieses sieht vor, dass Außen(wirtschafts)politik von der Bundesebene betrieben wird und die Aufgaben der Länder vor allem auf die föderale Ebene beschränkt sind. In den letzten beiden Jahrzehnten entwickelten die Länder eigenständige Strategien zur Erweiterung und Erhaltung ihrer Handlungskompetenzen. Die forcierten Taktiken können, so im Fall Niedersachsens, die Nutzung sich entwickelnder Prozesse wie der EU-Osterweiterung sein. Oder wie im Falle Baden-Württembergs der Versuch, zu einer *strategisch platzierten Vermittlungsinstanz zwischen subnationalen und supranationalen Politik zu gelangen*. Michèle Knodt nennt die unterschiedlichen Vorgehensweisen in Anlehnung an Frank

die unterschiedlichen Vorgehensweisen in Anlehnung an Frank Sinatras Welterfolg das *„I did it my way-Prinzip".*[136] Trotz dieser allgemeinen Feststellung über den Einfluss der Internationalisierung müssen einige Fragen, die sich aus den Hypothesen und dem theoretischen Teil ergeben, nochmals aufgegriffen werden. Zu diesen gehören folgende: (1) Wurden die Handlungsspielräume der substaatlichen Region durch Ent-Grenzung ausgedehnt oder eingeschränkt? (2) Hat die substaatliche Region Einfluss gewonnen oder eingebüßt. (3) Veränderte sich der Einfluss staatlicher Akteure auf private Wirtschaftssubjekte? (4) Wurden Reformen und Modernisierungen durchgeführt?

Die erste Frage kann mit dem Hinweis auf den Rechtsrahmen, die politischen Möglichkeiten und die Wirtschaftsstruktur der Regionen beantwortet werden. Niedersachsen hat im relevanten Bereich, der Mittelstandsförderung keine starke Position gewählt.. Die Aufgaben, die die Landesverfassung und das Mittelstandsgesetz formulieren werden erfüllt. Baden-Württemberg hat sich mit der Neufassung des MFG und dem Vorspruch in der Landesverfassung selbst höhere Ziele gesetzt. Diese kommen einer Ausdehnung der Handlungsspielräume gleich und stellen gleichzeitig eine latente Gefahr der administrativen Überforderung dar (siehe C.2.2.3). Sicher kann davon ausgegangen werden, dass die Normeninnovation eine direkte Reaktion auf Internationalisierung ist. Der politische Spielraum für substaatliche öffentliche Akteure ist groß. Im Rahmen der Wirtschafts-, Kultur- und Entwicklungshilfe können die Länder ihre Politik frei gestalten und Maßnahmen im Ausland durchführen. Absprachen mit der Bundesebene werden in Bund-Länder-Ausschüssen getroffen. Es scheint, dass die meistens mit Kosten verbundenen Aktivitäten der Länder nicht von der Bundesregierung „ausgebremst" werden. Dafür sind zwei Gründe zu vermuten: Die Aktivitäten dienen Deutschland insgesamt und sind für den Bund kostenneutral. Die substaatlichen Regierungen werden in ihren Aktivitäten vor allem durch ihre heimische Wirtschaftsstruktur determiniert. Förderungen der BINGOs und Beschäf-

---

[136] Michèle Knodt: Europäisierung à la Sinatra. S.245.

tigten müssen in die Entscheidungen einbezogen werden und reglementieren gleichzeitig den Spielraum der Politik. Zieht man den Vergleich zwischen Baden-Württemberg und Niedersachsen, so ist offensichtlich, dass sich die politische Elite Niedersachsens zunächst auf Großbetriebe konzentrierte und erst nach und nach den Mittelstand bei Auslandsgeschäften unterstützte. Die Schaffung der Investment Promotion Agentur war ein Schritt, der die Anpassung an die Internationalisierung begünstigte. Das Mittelstandskonzept 2001, das die Rückübertragung der Kompetenzen an die verfasste Wirtschaft vorsieht, ist ein Schritt zurück.

In Baden-Württemberg ermöglicht die heterogene Wirtschaft mit ihren Schwerpunktkompetenzen in höherwertigen Technologien und der Hochtechnologie, die potenziell Exportartikel produziert, viele Aktivitäten im Bereich der Außenwirtschaftspolitik, Exportförderung und Standortvermarktung. Die Möglichkeiten vergrößern nicht nur die Chancen für eine erfolgreiche Politik, sondern können zur Bürde werden, wenn die Strukturen nicht anpassungsfähig sind. Dies kann an der extrem ansteigenden Arbeitslosenzahlen und dem starken Rückgang zu Beginn der neunziger Jahre abgelesen werden. Die baden-württembergische Landesregierung setzte unabhängig von den jeweiligen Koalitionen, beziehungsweise der Alleinregierung seit 1982 mehrere Kommissionen ein, deren Aufgabe die Einschätzung der zukünftigen Handlungskompetenzen und die Bereitstellung von Reformkonzepten war. Mit der Gründung der Gesellschaft für internationale Zusammenarbeit schuf das Land eine Institution, die unter Einbeziehung aller gesellschaftlich relevanten Gruppen und Institutionen die praktische Außenwirtschaftspolitik, Wirtschaftsförderung und Standortwerbung betreibt. Die sehr weit gefassten Aufgaben und die Einbindung so vieler Interessengruppen in die Aufsichtsgremien können die Stärke und gleichzeitig Schwäche der GWZ sein. Zum Zeitpunkt der Datenerhebung deuteten alle vorgefundenen Werte auf intakte Strukturen im Bereich der Außenwirtschaft in Baden-Württemberg hin. Eine Gefahr scheint die Integration aller Institutionen und Gruppierungen in das System zu sein. Diese Situation ist vergleichbar mit anderen Proporzaufteilungen, die sich in vielen politischen und öffentlichen Gremien Baden-Württembergs finden.

Die Fragen nach dem Einfluss der Substaatlichen Regionen insgesamt und dem veränderten Einfluss auf private Wirtschaftssubjekte hat zwei Dimensionen: Die quantitative und die qualitative. Mit den Kapiteln C.3 und C.4 wurde ein Versuch unternommen, die wirtschaftliche Entwicklung in beiden Bundesländern im Vergleich zueinander und zur Gesamtentwicklung Deutschlands aufzuzeigen. Im Verlauf des Beobachtungszeitraums veränderten sich die binnenorientierte Werte zunächst schwach oder rückläufig. Die Außenwirtschaftsdaten wie Direktinvestitionen, Exporte und die Zielregionen für Güterausfuhren stiegen nominal. Die Direktinvestitionen nahmen um den Faktor 2,5 (NdS) beziehungsweise 3,5 (BW) zu. Die Exporte stiegen um 33 Prozent in Niedersachsen und um 50 Prozent in Baden-Württemberg. Neben den klassischen Absatzregionen gewannen für Niedersachen vor allem Osteuropa, für Baden-Württemberg die amerikanischen und asiatischen Märkte immer mehr an Gewicht. Daneben entwickelten sich Nischen wie China und Afrika, die für einige mittelständische Unternehmen attraktiv wurden und im Bereich der wirtschaftlichen Hilfe die transnationalen Beziehungen betrafen.

Die qualitative Dimension des Einflusses ist schwieriger zu beurteilen. Nimmt man die politischen Tätigkeiten wie Spitzentreffen und Delegationsreisen zum Maß, so kann für Baden-Württemberg eine zunehmende Tätigkeit attestiert werden, die den substaatlichen Akteur auf der internationalen Ebene gewissermaßen eingeführt haben. Durch die ungebrochene Strategie im Ausland aktiv aufzutreten und die Wirtschafts- und Regionengipfel in Baden-Württemberg ist anzunehmen, dass das Land als Akteur oder zumindest als Wegbereiter für Wirtschaftskontakte wahrgenommen wird. Wie sich gezeigt hat, waren Niedersachsens Aktivitäten im Ausland lange durch eine wenig stringente politische Strategie geprägt. Delegationsreisen und Spitzengespräche dienten der direkten Intervention bei Krisen. Seit 1995 arbeitet die IPA mit den Ministerien und der verfassten Wirtschaft zusammen und fördert damit die Präsenz außerhalb des Landes. Ministerpräsident Gabriels Außenwirtschaftsreisen in die Vereinigten Staaten, Japan und Südafrika und die Berufung eines Europaministers sind Zeichen für einen neuen Politikstil. Für eine Bewertung der jüngsten Tendenz ist es jedoch zu früh.

Der Einfluss der staatlichen Akteure auf die Wirtschaftssubjekte wird unterschiedlich gehandhabt. In Baden-Württemberg wurden die relevanten Gruppen des Handels, der Industrie und der Wirtschaft in die Institutionen über die verfasste Wirtschaft eingebunden. Der Staat kann durch die horizontale Verflechtung auf der Meso-Ebene Einfluss auf die (strategischen) Entscheidungen der Wirtschaft nehmen. Die Tendenz für Niedersachsen zeigt in eine andere Richtung. Die Kompetenz der Wirtschaft soll in Zukunft stärker instrumentalisiert werden. Maßnahmen und Förderungen sollen über die verfasste Wirtschaft abgewickelt werden. Die politische Unterstützung in Form von Begleitung bei Reisen oder Kontaktaufnahme mit staatlichen Stellen im Ausland ist eine Dienstleistung für die Wirtschaft. Sie erlaubt jedoch nicht ausreichende Einflussnahme für eine strategische und aktive Rolle der substaatlichen Region.

Die eingeleiteten Reformen in Niedersachsen betreffen die Organisation der Bereitstellung von Maßnahmen und Angeboten für die Wirtschaft. Das gebildete Netz der Institutionen ist noch sehr offen geknüpft. Entscheidende Bestandteile (IHKn) sind nur lose in die staatlichen Außenwirtschaftstrukturen eingebunden. Die partnerschaftlichen Strukturen zwischen der Wirtschaft und der Politik sind mit dem Begriff pluralistisch zutreffend beschrieben.[137] Das Netzwerk außenwirtschaftsrelevanter Akteure in Baden-Württemberg wurde seit der „Sachverständigenkommission Exportförderung Baden-Württemberg" 1982 sukzessive geknüpft. Mit der Gründung der GWZ und der Bildung von Stabsstellen im Staatsministerium und Wirtschaftsministerium für Außenwirtschaft und europäische Zusammenarbeit wurde das Angebot der öffentlichen Stellen dienstleistungsgleich organisiert. Die Ministerien übernehmen einen

---

[137] In Informationsbroschüren des Landes wird von der angestrebten Anwendung des Private-Public-Partnerships gesprochen. Auf Nachfrage beim Wirtschaftsministerium wurde versichert, dass der Begriff „lediglich politisch sei, es aber keine Definition für die genaue Bedeutung des Konzepts gibt."

Teil des Factraising, die Zieldefinition und die Anbahnungen auf politischer Ebene. Die öffentlichen oder halb-staatlichen Institutionen planen praktische Maßnahmen und implementieren politisch und wirtschaftlich gewünschte Ziele. Wirtschaftsverbände, Landespolitik, Forschung, Unternehmen und Arbeitnehmervereinigungen werden über Aufsichtsgremien in den Prozess einbezogen. Die Privat-öffentliche-Partnerschaft im Bereich der Außenwirtschaftspolitik verfestigte sich in den vergangenen zehn Jahren. Zum jetzigen Zeitpunkt scheint das System problemlösungsfähig zu sein und notwendige Anpassungen der wirtschaftlichen Veränderungen zu kompensieren.

Beide substaatlichen Regionen haben in den zurückliegenden Jahren Strukturen zur Kompensation von Wirtschaftsdefiziten und zur Anpassung an die Internationalisierung gebildet. Die einschneidenden Wirtschaftskrisen der frühen neunziger Jahre waren vorwiegend nicht von binnenstaatlichen Problemen, sondern von zunehmender Konkurrenz und zunehmenden nicht regulierbaren Entwicklungen geprägt. Die jetzigen Außenwirtschaftssysteme in den Vergleichsregionen sind in der Lage, Anpassungen vorzunehmen und der Wirtschaft notwendige Förderungen zukommen zu lassen. Die kontinuierliche Evaluation der Tätigkeiten aller substaatlichen Einheiten im Außenwirtschaftsnetz Baden-Württembergs und Niedersachsens ist ein Schlüssel, auch in Zukunft die Performance im Wettbewerb der Regionen zu halten.

## 3. Gegenüberstellung der Regionen (Tab. D.1.)

| | Baden-Württemberg | | Niedersachsen | |
|---|---|---|---|---|
| **Politikstil** | Hierarchisch, Kooperativ | | Plural, nicht Kooperativ | |
| **Struktur des Akteursnetzwerks** | korporatistisch | | Pluralistisch | |
| **Außenwirtschaftsstrategie** | + | Aktive Strategie. Ausrichtung Interessen von Wirtschaft und Politik. | O | Strategien von kurzer Reichweite, vor allem auf Wirtschaft bezogen. |
| **Netzdichte** | ++ | Sehr hoch. | O | Im Aufbau |
| **Staatliche indirekte Förderung** | + | Informationen durch Publikationen und neue Medien. | – | Es gibt keine zentrale Informationensammlung oder Internetangebot. |
| **Staatliche direkte Förderung – materielle Ebene** | ++ | Viele Förderprogramme und Maßnahmen werden Angeboten. | + | Förderprogramme und Maßnahmen werden Angeboten. |
| **Staatliche direkte Förderung – funktionelle Ebene** | + | Informationen und Vermittlungen etc. werden angeboten. | – | Es wird auf das Leistungsangebot der privaten Akteure hingewiesen. |
| **Unternehmensansiedlung** | + | Gut, in der Darstellung nicht dominierend. | + | Große Anstrengungen und zunehmender Erfolg. |
| **Standortkampagne nach außen** | ++ | Stark forciert. Mehrere Akteure, dient nicht nur der Unternehmensansiedlung. | + | Effiziente Ansiedlungsstrategie der IPA. |
| **Standortkampagne nach innen** | + | Zielt vorwiegend auf die Gesellschaft. | O | Nicht erkennbar. |
| **Beziehung mit verfasster Wirtschaft** | + | Sehr starke Einbindung verschiedener Gruppen. | O | Beziehung wird gepflegt. Plurales Verhältnis. |
| **Partnerschaftliche Beziehung mit Arbeitnehmerverbänden** | – | Gering. Gewerkschaften sind nur rudimentär eingebunden. | + | Gut. Gewerkschaften müssen bei Maßnahmen gehört werden (MFG). |
| **Gestaltung des rechtlichen Rahmens** | ++ | Sehr hoch. | O | Mittelmäßig. |
| **Mittelausstattung Außenwirtschaftsförderung** | + | Gute Finanzierung bei großem Angebot, Institutionen sind auf Drittmittel angewiesen. | + | Gute Finanzierung bei wenigen Maßnahmen. |
| **Mittelvergabe** | + | Regulativ & distributiv. | O | Gering. |
| **Risikoübernahme** | ++ | BW ist mit Garantien bei versch. Projekten in der Haftung und hat das eigene Risiko ausgebaut. | + | NdS ist im Bereich Garantieprogramm engagiert. |
| **Internationale und europapolitische Initiativen** | ++ | Viele Äußerungen zu Europa und internationaler Politik. Viele Staatsbesuche und Gipfeltreffen. | + | NdS nimmt Rolle in Europa ein und veröffentlicht eigene NdS Positionen. |

# - Teil E -

## 1. Anhang

### 1.1. Pressemitteilungen aus Baden-Württemberg –Auszüge

**Döring startet Außenwirtschaftsoffensive**

[...] Der stellvertretende Ministerpräsident und Wirtschaftsminister des Landes Baden-Württemberg, Walter Döring, will in der kommenden Legislaturperiode die Außenwirtschaftsförderung ausbauen. [...]

Pressemitteilung WM BW, 26. April 2001

**Döring trifft Gouverneurin aus Delaware**

[...] Der Wirtschaftsminister und stellvertretende Ministerpräsident von Baden-Württemberg, Walter Döring, ist heute in Stuttgart zu einem Gespräch mit der neuen Gouverneurin des US-Bundesstaates Delaware zusammengetroffen. Dabei wurde über die Möglichkeiten der engeren Zusammenarbeit und der Entwicklung vor allem der wirtschaftlichen Beziehungen zwischen Baden-Württemberg und Delaware gesprochen. [...]

Pressemitteilung WM BW, 22.05.2001

**Baden-Württemberg ist Biotech-Standort Nr. 1**

[...] Der Wirtschaftsminister und stellvertretende Ministerpräsident von Baden-Württemberg, Walter Döring, hat heute in Stuttgart auf die Spitzenstellung des Landes in dem Bereich der Bio- und Gentechnologie hingewiesen. Döring: „Die Bayern rühren ernorm die Werbetrommel [...]. Wir haben in Heidelberg mit über 10.500 qm schon jetzt mehr Existenzgründerflächen als die Konkurrenz. [...]

Pressemitteilung WM BW, 18.06.2001

**Japanreise ein voller wirtschaftlicher Erfolg**

[...] Der Wirtschaftsminister und stellvertretende Ministerpräsident des Landes Baden-Württemberg, Walter Döring, hat heute zum Abschluss seiner 5-tägigen Japanreise an der Spitze einer 35-köpfigen Unternehmerdelegation ein weiteres zweitägiges Technisches Symposium in Osaka eröffnet. Döring: "Das Interesse der japanischen Unternehmen an unseren Technischen Symposien ist überwältigend. [...] Insgesamt haben in Tokyo und Osaka rd. 700 japanische Unternehmensvertreter teilgenommen." [...]

Pressemitteilung WM BW, 07.06.2001

**Exportland Baden-Württemberg**

[...] Die Wirtschaft Baden-Württembergs ist wie in kaum einem anderen Bundesland im Auslandsgeschäft tätig. Das Land ist unter den deutschen Flächenländern das Exportland Nr. Eins. Jeder dritte Arbeitsplatz hängt im Land vom Export ab. 1998 wurden Waren im Wert von 167 Milliarden DM exportiert. 66 Prozent des Exports ging in die europäischen Länder, 15 Prozent in die USA und 11 Prozent in die asiatischen Länder. [...]

Pressemitteilung WM BW, 26.04.2001

## 1.2 Außenwirtschaftsförderprogramme der Bundesländer[138]

### Baden-Württemberg

o Beratungs- und Kooperationsförderungsprogramm – Beratungsprogramm Ostasien
o Beratungs- und Kooperationsförderungsprogramm – Errichtung von Kontaktstellen (Firmenpools) im Ausland
o Beratungs- und Kooperationsförderungsprogramm – Export- und Kooperationsberatung
o Exportförderprogramm der Landeskreditbank Baden-Württemberg
o Programm zur Förderung von Kontakt- und Kooperationsbörsen im Ausland
o Programm zur Förderung von Maßnahmen zur Erschließung ausländischer Märkte – Gruppenbeteiligungen an Symposien im Ausland
o Programm zur Förderung von Maßnahmen zur Erschließung ausländischer Märkte – Gruppenbeteiligungen an Auslandsmessen
o Programm zur Förderung von Maßnahmen zur Erschließung ausländischer Märkte – Marktuntersuchungen

### Bayern

o Mittelständisches Außenwirtschaftsberatungs-Programm
o Mittelständisches Garantienprogramm
o Mittelständisches Kooperationsprogramm
o Mittelständisches Messeprogramm

### Berlin

o Messeförderungsprogramm für kleine und mittlere Berliner Unternehmen

---

[138] Stand August 2001

- o Programm „Neue Märkte erschließen" – Auslandspräsentationen
- o Programm „Neue Märkte erschließen" – Firmenpool Ausland
- o Programm „Neue Märkte erschließen" – Qualifizierung

## Brandenburg

- o Messeförderprogramm

## Bremen

- o Mittelständisches Außenwirtschafts-Förderungsprogramm
- o Mittelstandsförderungsprogramm – Förderung der Beteiligung an internationalen und überregionalen Messen im Inland und in der EU
- o Mittelstandsförderungsprogramm – Förderung der Markteinführung neuer Produkte
- o Programm zur Förderung der Erschließung neuer Märkte im EU-Ausland
- o Programm zur Förderung der Kooperation bei der Markterschließung im EU-Ausland

## Hamburg

- o Messeförderungsprogramm

## Hessen

- o Programm zur Förderung der Beteiligung an Messen und Ausstellungen

## Mecklenburg-Vorpommern

- o Programm zur Absatz- und Exportunterstützung – Personalkostenzuschüsse für Außenwirtschaftsassistenten
- o Programm zur Absatz- und Exportunterstützung – Markteinführungsprogramm
- o Programm zur Absatz- und Exportunterstützung – Förderung von Messe- und Ausstellungsbeteiligungen
- o Programm zur Absatz- und Exportunterstützung – Förderung von Firmengemeinschaftsbüros im Ausland

## Niedersachsen

- o Beratungsprogramm Außenwirtschaft
- o Garantien des Landes Niedersachsen für Beteiligungen im Ausland
- o Niedersächsisches Auslandsmesse-Förderprogramm

## Nordrhein-Westfalen

- o Auslandsmesseprogramm – Firmengemeinschaftsstände und Info-Service-Center

- Außenwirtschaftsberatungsprogramm
- Landesbürgschaftsprogramm

**Rheinland-Pfalz**

- Außenwirtschaftsberatungsprogramm – Kontaktgespräche, Intensivberatungen, Marktanalysen
- Außenwirtschaftsberatungsprogramm – Teilnahme an Firmenpools
- Exportgarantieprogramm
- Messeförderungsprogramm

**Saarland**

- Beratungsprogramm-Außenwirtschaft
- Messe- und Ausstellungsförderungsprogramm

**Sachsen**

- Programm zur Mittelstandsförderung – Kooperation/Exportgemeinschaften
- Programm zur Mittelstandsförderung – Außenwirtschaftsberatung
- Programm zur Mittelstandsförderung – Messen

**Sachsen-Anhalt**

- Messeförderungsprogramm
- Programm zur Absatzförderung heimischer Produkte
- Programm zur Förderung außenwirtschaftlicher Beratungs- und Markterschließungsmaßnahmen

**Schleswig-Holstein**

- Außenwirtschafts- und Messeförderprogramm – Außenwirtschaftsberatungen
- Außenwirtschafts- und Messeförderprogramm – Gemeinschaftsbüros
- Außenwirtschafts- und Messeförderprogramm – Messen
- Außenwirtschafts- und Messeförderprogramm – Symposien

**Thüringen**

- Beratungsförderungsprogramm
- Messe- und Absatzförderungsprogramm – Messen und Ausstellungen
- Messe- und Absatzförderungsprogramm – Werbungsmaßnahmen

Quelle: BfAi: Außenwirtschaftsförderung und wirtschaftliche Zusammenarbeit

## 1.3. Abbildungen

Abb. E.1   Ausfuhren Baden-Württembergs und Niedersachsens

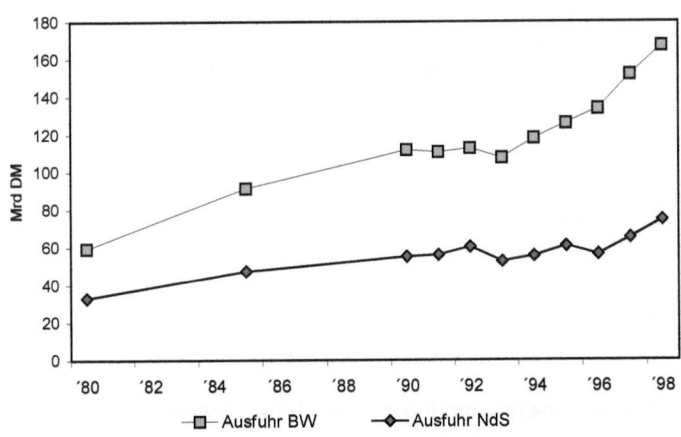

Quelle: Eigene Berechnung nach Statistischen Landesämtern

Abb. E.2   DI der Vergleichsregionen (außen/innen)

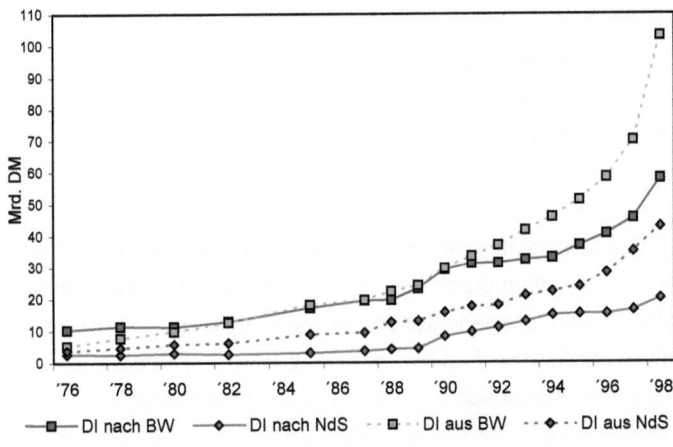

Quelle: Eigene Zusammenstellung nach DI-Berichten der Landesbanken

## 1.4. Drei-Säulen-Konzept Baden-Württemberg (Abb. E 3.)

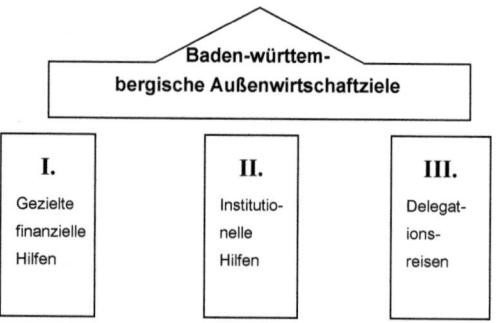

Eigene Darstellung

**Säule I:** Die finanziellen und logistischen Hilfen sollen gezielt Kleine- und Mittlere Unternehmen auf Auslandsmärkte vorbereiten und so deren Marktpräsenz verbessern. Dabei arbeitet das Ministerium eng mit den Organisationen der Wirtschaft zusammen

Zu den Angeboten zählen:

a) Beratungsprogramme

b) Informationssystem Außenwirtschaft

c) Messeförderprogramme

d) Kooperationsgespräche

e) Hilfe bei Vertriebskooperationen

**Säule II:** Die Markteintrittshilfen finden ihre Fortsetzung in den institutionellen Hilfen, vor allem durch die DIHZ und GWZ-Verbindungsbüros. [...] Die Zentren sollen, ausgerichtet an den Bedürfnissen der nutzenden, vor allem mittelständischen Firmen als Stützpunkte [...] dienen. Der größte Schub wird vom Austausch und von der Zusammenarbeit der Firmen untereinander erwartet. Die Verbindungsbüros sollen Anlaufstellen und Informationssammelpunkte für den Export und für die Firmen aus Baden-Württemberg sein, die sich neu in einen Markt etablieren wollen. Sie sollen gezielte Kontakte zu Regierungsstellen und Kooperationspartnern herstellen.

**Säule III:** Die Delegationsreisen vermitteln einen unmittelbaren, persönlichen Eindruck. Sie ermöglichen einen intensiven Kontakt zwischen den Delegationsmitgliedern und der Landesregierung. Sie tragen dazu bei, die Präsenz der baden-württembergischen Industrie in den interessantesten zu verbessern. Besuche können dazu beitragen, das Klima für ausländische DI zu verbessern. Die Reisen richten die Aufmerksamkeit auch auf Länder, die wirtschaftlich und technologisch für uns von eminenter Bedeutung sind. Durch positive Beisiele [...] kann eine Wirkung auch über die Delegation hinaus erzielt werden. Deshalb wurden Organisationen der Wirtschaft in den Delegationen berücksichtigt. (Quelle: „Außenwirtschaftlichen Konzept" des Staatsministeriums Baden-Württemberg.)

# 2. Quellen

## 2.1 Verzeichnis der geführten Interviews

Die Interviews wurden im Zeitraum September 2000 bis Juni 2001 geführt. Grundlage war ein einheitliches Frageschema das individuell auf die Akteure ausgerichtet war. Die Interviews wurden in Baden-Württemberg vor Ort und in Niedersachsen fernmündlich, beziehungsweise per Email geführt. Zur Kontrolle der Interviews wurden in der Regel mehrere Vertreter einer Institution befragt.

**Bettina Boller**, Wirtschaftsministerium Niedersachsen, Referat Europäische Wirtschaftpolitik, Außenwirtschaft. Gespräch am 26. Juni 2001.

**Fabrice Larat**, Mannheimer Zentrum für Europäische Sozialforschung. Gespräch am 9. April 2001.

**Georg Ris**, Ministerialrat, Staatsministerium Baden-Württemberg, Referat Internationale Beziehungen, Entwicklungszusammenarbeit. Gespräch am 6. Oktober 2000.

**Hanns Albrecht Maute**, Leitender Ministerialrat, Wirtschaftsministerium Baden-Württemberg. Referat Regionalplanung. Gespräch am 4. September 2000

**Hélène Valadon**, Steinbeis Europa Zentrum. Gespräch am 30. August 2000.

**Helmut Ernst**, Ober Regierungsrat, Wirtschaftsministerium Baden-Württemberg, Referat Internationale Wirtschaftsbeziehungen, Grenzüberschreitende Beziehungen, Westeuropa, Amerika, Afrika, Mittlerer Osten, Asien. Gespräch am 2. Oktober 2000.

**Herbert Bossinger**, Gesellschaft für internationale wirtschaftliche Zusammenarbeit mbH, Leiter Abteilung Verwaltung. Gespräch am 27. November 2000.

**Jan Bergmann**, LL.M.Eur., Richter am Verwaltungsgericht Stuttgart. Gespräch am 8. September 2000.

**Richard Arnold**, Regierungsdirektor, Staatsministerium Baden-Württemberg, Referat Grenzüberschreitende und internationale Zusammenarbeit. Jetzt Leiter „Baden-Württemberg Haus" in Brüssel. Gespräch am 1. September 2000.

**Silvia Mankas**, Gesellschaft für internationale wirtschaftliche Zusammenarbeit mbH, Projektassistentin. Gespräch am 20. September 2000.

**Ulrike Müller**, Investment Promotion Agency Niedersachsen, Leiterin Abteilung Außenwirtschaft. Gespräch am 26. Juni 2001.

**Wolfgang Müller-Koelbl**, Ministerialrat, Wirtschaftsministerium Baden-Württemberg, Leiter der Abteilung Internationale Wirtschaftsbeziehungen und Standortmarketing. Gespräch am 7. November 2000.

## 2.2.    Literatur

**Albert, Mathias/Brock, Lothar** u.a. (Hrsg.): Die Neue Weltwirtschaft, Frankfurt/M 1999.

**Albert, Mathias**: Entgrenzung und Formierung neuer politischer Räume. In: Kohler-Koch, Beate (Hrsg.): Regieren in entgrenzten Räumen, Opladen 1998.

**Albrow, Martin**: Abschied vom Nationalstaat, Frankfurt 1998.

**Altvater, E./Mahnkopf, B.**: Grenzen der Globalisierung. Ökonomie, Ökologie und Politik in der Weltgesellschaft, Münster 1997.

**Bahadir, Sefik Alp**: Kultur und Region im Zeichen der Globalisierung, Neustadt an der Aisch 2000.

**Beck, Ulrich** (Hrsg.): Politik der Globalisierung, Frankfurt/M 1998.

**Beck, Ulrich**: Was ist Globalisierung? Irrtümer des Globalismus - Antworten auf Globalisierung, Frankfurt/M 1997.

**Beisheim, Marianne/Walter, Gregor**: Globalisierung -Kinderkrankheiten eines Konzepts, in: Zeitschrift für Internationale Beziehungen, 4/1997.

**Bendor, Jonathan/Hammond, Thomas**: Rethinking Allison's Models, in: APSR 1986.

**Berg-Schlosser, Dirk/Giegel, Hans-Joachim** (Hrsg.): Perspektiven der Demokratie - Probleme und Chancen im Zeitalter der Globalisierung, Frankfurt/M 1999.

**Bernhard, Roberto** (Hrsg.): Grenzerfahrungen. Grenzüberschreitende Regionale Zusammenarbeit, Föderalismus Reformen und Mentalitätsschranken, Aarau 1997.

**Beyme, Klaus von/Offe, Claus** (Hrsg.): Politische Theorien in der Ära der Transformation, Opladen 1996.

**Blatter, Joachim**: Entgrenzung der Staatenwelt? Politische Institutionenbildung in grenzüberschreitenden Regionen in Europa und Nordamerika, Baden-Baden 2000.

**Bogumil, Jörg**: Modernisierung des Staates durch Public Management, in: Grande, Edgar/Prätorius, Rainer (Hrsg.): Modernisierung des Staates, Baden-Baden 1997.

**Böhret, Carl/Wewer, Göttrik** (Hrsg.): Regieren im 21. Jahrhundert - zwischen Globalisierung und Regionalisierung, Opladen 1993.

**Brock, Lothar/Albert, Matthias**: Entgrenzung der Staatenwelt, in: Zeitschrift für Internationale Beziehungen, 2/1995.

**Broll, Udo/Gilroy, Bernhard M.**: Außenwirtschaftstheorie. Einführung und neue Ansätze, München 1994.

**Brose, Hanns-Georg/Voelzkow, Helmut** (Hrsg.): Institutioneller Kontext wirtschaftlichen Handelns und Globalisierung, Marburg, 1999.

**Brozus, Lars/Zürn, Michael**: Globalisierung - Herausforderung des Regierens, in: Informationen zur politischen Bildung, 263/1999.

**Buttler, Günter/Stroh, Reinhold**: Einführung in die Statistik, Frankfurt/M 1992.

**Czempiel, Ernst-Otto**: Weltpolitik im Umbruch. Das internationale System nach dem Ende des Ost-West-Konflikts, München 1991.

**Dittgen, Herbert**: Grenzen im Zeitalter der Globalisierung. Überlegungen zur These vom Ende des Nationalstaates, in: Zeitschrift für Politikwissenschaft, 1/1999.

**Downs, Anthony**: Inside Bureaucracy, Boston 1966.

**Druwe, Ulrich**: Politische Theorie, Neuried 1993.

**Erdmenger, Klaus** u.a.: Modernität der Staatsräson, in: Dose, Nicolai/Drexler, Alexander (Hrsg.): Technologieparks – Vorraussetzungen, Bestandsaufnahmen und Kritik, Opladen 1988.

**Ernst, Dietmar**: Internationalisierung kleiner und mittlerer Unternehmen - Kooperationsformen und Außenwirtschaftsförderung, Wiesbaden 1999.

**Fawcett, Louise/Hurrell, Andrew** (Hrsg.): Regionalism in World Politics, Oxford 1995.

**Fayerweather, John**: Begriff der internationalen Unternehmung, in Macharzina, Klaus u.a. (Hrsg.): Export und internationale Unternehmung. Handwörterbuch, Stuttgart 1989.

**Franzmeyer, Franz**: Welthandel und internationale Arbeitsteilung, in: Informationen zur politischen Bildung, 263/1999.

**Gabler**: Gabler Wirtschaftslexikon, Wiesbaden 1993.

**Gabriel, Oscar W./Brettschneider, Frank** (Hrsg.): Die EU-Staaten im Vergleich, Bonn 1994.

**Gehrke, Birgit/Grupp, Hariolf** u.a.: Innovationspotential und Hochtechnologie, Heidelberg 1996.

**Germann, Harald/Rürup, Bert/Setzer, Martin**: Globalisierung der Wirtschaft: Begriff, Bereich, Indikatoren. In: Steger, Ulrich (Hrsg.): Globalisierung der Wirtschaft: Konsequenzen für Arbeit, Technik und Umwelt, Berlin 1996.

**Grande, Edgar/Burkhard Eberlein**: Modernisierung des Staates - Zur Einführung, in: Modernisierung des Staates, Baden-Baden 1997.

**Grande, Edgar/Jachtenfuchs, Markus** (Hrsg.): Wie problemlösungsfähig ist die EU? Regieren im europäischen Mehrebenensystem, Baden-Baden 2000.

**Grande, Edgar/Prätorius, Rainer** (Hrsg.): Modernisierung des Staates, Baden-Baden 1997.

**Grande, Edgar/Risse, Thomas**: Bridging the Gap - Konzeptionelle Anforderungen an die politikwissenschaftliche Analyse von Globalisierungsprozessen, in: Zeitschrift für Internationale Beziehungen 2/2000.

**Grande, Edgar**: Auflösung, Modernisierung oder Transformation? Zum Wandel des modernen Staates in Europa, in: Grande, Edgar/Prätorius, Rainer (Hrsg.): Modernisierung des Staates, Baden-Baden 1997.

**Grote, Jürgen**: Regionale Vernetzung -Interorganisatorische Strukturdifferenzen regionaler Politikgestaltung, in: Kohler-Koch, Beate u.a. (Hrsg.): Interaktive Politik in Europa: Regionen im Netzwerk der Integration, Opladen 1998.

**Henzler, Reinhold**: Ausfuhrförderung, in: Seischab, Horst/Schwantag, Karl (Hrsg.): Handwörterbuch der Betriebswirtschaft, Band 1, Stuttgart 1956.

**Jouve, Bernhard/Négrier, Emmanuel** : Das Europa der Regionen auf dem Prüfstand, in Kohler-Koch, Beate u.a. (Hrsg.): Interaktive Politik in Europa: Regionen im Netzwerk der Integration, Opladen 1998.

**Kaiser, Karl/May, Bernhard**: Weltwirtschaft und Interdependenz, in: Kaiser, Karl/Schwarz, Hans-Peter (Hrsg.): Weltpolitik im neuen Jahrhundert, Baden-Baden 2000.

**Kaiser, Karl/Schwarz, Hans-Peter** (Hrsg.): Weltpolitik im neuen Jahrhundert, Baden-Baden 2000.

**Kaiser, Karl**: Globalisierung als Problem der Demokratie, in: Internationale Politik 4/1998.

**Katzenstein, Peter**: The Role of Theory in Comparative Politics, in: World Politics 1/1995.

**Kirchhof, Paul**: Staats- und Verwaltungsrecht in Baden-Württemberg, Heidelberg 1999.

**Knodt, Michèle/Kohler-Koch**, Beate (Hrsg.): Deutschland zwischen Europäisierung und Selbstbehauptung, Frankfurt/M 2000.

**Knodt, Michèle**: Europäisierung à la Sinatra, in Knodt, Michèle/Kohler-Koch, Beate (Hrsg.): Deutschland zwischen Europäisierung und Selbstbehauptung.

**Knodt, Michèle**: Tiefenwirkung europäischer Politik, Baden-Baden 1998.

**Köddermann, Ralf**: Umfang und Bestimmungsgründe einfließender und ausfließender Direktinvestitionen ausgewählter Industrieländer, München 1996.

**Kohler-Koch, Beate** (Hrsg.): Regieren in entgrenzten Räumen, Opladen 1998.

**Kohler-Koch, Beate** u.a. (Hrsg.): Interaktive Politik in Europa: Regionen im Netzwerk der Integration, Opladen 1998.

**Kohler-Koch, Beate/Jachtenfuchs, Markus** (Hrsg.): Europäische Integration, Opladen 1996.

**Kohler-Koch, Beate**: Die Welt regieren ohne Weltregierung, in: Böhret, Carl/Wewer, Göttrik (Hrsg.): Regieren im 21. Jahrhundert - zwischen Globalisierung und Regionalisierung, Opladen 1993.

**Kohler-Koch, Beate**: Leitbild und Realität der Europäisierung der Regionen in: Kohler-Koch, Beate u.a. (Hrsg.): Interaktive Politik in Europa: Regionen im Netzwerk der Integration, Opladen 1998.

**Kohler-Koch, Beate**: Politische Unverträglichkeit von Globalisierung, in: Steger, Ulrich (Hrsg.): Globalisierung der Wirtschaft: Konsequenzen für Arbeit, Technik und Umwelt, Berlin 1996.

**Kohler-Koch, Beate**: Regionale Leistungskraft und regionale Nutzenbilanz, in: Kohler-Koch, Beate u.a. (Hrsg.): Interaktive Politik in Europa: Regionen im Netzwerk der Integration, Opladen 1998.

**Konzelmann, Alexander**: Methode landesrechtlicher Rechtsbereinigung, Stuttgart 1997.

**Kromrey, Helmut**: Empirische Sozialforschung, Opladen 1994.

**Krystek, Ulrich/Zur, Eberhard** (Hrsg.): Internationalisierung. Eine Herausforderung für die Unternehmensführung, Berlin 1997.

**Link, Werner**: Die Neuordnung der Weltpolitik, München 1998.

**Link, Werner**: Globalisierung und neue Konfliktpotentiale, in: Landeszentrale für politische Bildung (Hrsg.): Blick auf die Weltgesellschaft - Globalisierung als Chance (II), Stuttgart 1999.

**Link, Werner**: Nationalstaatliche Politik unter neuen Bedingungen, in: Konrad-Adenauer-Stiftung: Aktuelle Fragen der Politik, 41/1996.

**Lütz, Susanne**: Der regulative Staat in Zeiten der Globalisierung, in: Landeszentrale für politische Bildung (Hrsg.): Blick auf die Weltgesellschaft - Globalisierung als Chance (II), Stuttgart 1999.

**Macharzina, Klaus/Welge, Martin K.** (Hrsg.): Handwörterbuch Export und Internationale Unternehmung. Handwörterbuch, Stuttgart 1989.

**Macharzina, Klaus**: Globalisierung als Unternehmensaufgabe - Strategien und Organisation, Kriterien für Standortentscheidungen, in: Steger, Ulrich (Hrsg.): Globalisierung der Wirtschaft: Konsequenzen für Arbeit, Technik und Umwelt, Berlin 1996.

**Maull, Hanns W.**: Welche Akteure beeinflussen die Weltpolitik?, in: Kaiser, Karl/Schwarz, Hans-Peter (Hrsg.): Weltpolitik im neuen Jahrhundert, Bonn 2000.

**Mayntz, Renate**: Politische Steuerung: Aufstieg, Niedergang und Transformation einer Theorie, in: Beyme, Klaus von/Offe, Claus (Hrsg.): Politische Theorien in der Ära der Transformation, Opladen 1996.

**Moravcsik, Andrew**: Preferences and Power in the European Community. A Liberal-Intergovernmental Approach, in: Journal of Common Market Studies 31/1993.

**Moravcsik, Andrew**: The Choice for Europe - Social Purpose and State Power from Messina to Maastricht, Ithaca 1998.

**Müller, Udo**: Systemtheorie - ein interdisziplinärer Ansatz zum Verständnis von Globalisierung, in: Steger, Ulrich (Hrsg.): Globalisierung der Wirtschaft: Konsequenzen für Arbeit, Technik und Umwelt, Berlin 1996.

**Neyer, Jürgen**: Globaler Markt und territorialer Staat, in: Zeitschrift für Internationale Beziehungen, 2/1995.

**Niskanen, William**: Bureaucracy and Representative Government, Chicago 1971.

**Nölke, Andreas**: Regieren in transnationalen Netzwerken, in: Zeitschrift für Internationale Beziehungen 2/2000.

**Plate, Bernhard von**: Grundelemente der Globalisierung in: Informationen zur politischen Bildung, 263/1999.

**Przeworski, Adam/Teune, Henry**: The Logic of Comparative Social Inquiry, New York 1970.

**Putnam, Robert D.**: Making Democracy Work, Princeton 1993.

**Ridinger, Rudolf/Steinröx, Manfred** (Hrsg.): Mittelstandsförderung in der Praxis, Köln 1996.

**Rode, Reinhard**: Weltwirtschaft im Zeichen der Globalisierung, in: Kaiser, Karl/Schwarz, Hans-Peter (Hrsg.): Weltpolitik im neuen Jahrhundert, Baden-Baden 2000.

**Rosenau, Richard/Czempiel, Ernst-Otto** (Hrsg.): Governance without Government. Order and Change in World Politics, Cambridge 1992.

**Rosenau, Richard**: Governance without Government. Systems of Rule in World Politics, Los Angeles 1987.

**Rotte, Ralph**: Das internationale System zwischen Globalisierung und Regionalisierung: Makroanalytische Grundstrukturen der Weltpolitik nach dem Ost-West-Konflikt, Baden-Baden 1996.

**Sassen, Saskia**: Machtbeben -Wohin führt die Globalisierung, Stuttgart 2000.

**Scharpf, Fritz W.**: Die Handlungsfähigkeit des Staates am Ende des zwanzigsten Jahrhunderts, in: Politische Vierteljahrsschrift 4/1991.

**Scharpf, Fritz W.**: Föderalismus und Demokratie in der transnationalen Ökonomie, in: Beyme, Klaus von/Offe, Claus (Hrsg.): Politische Theorien in der Ära der Transformation, Opladen 1996.

**Scharpf, Fritz W.**: Legitimationsprobleme der Globalisierung, in: Böhret, Carl/Wewer, Göttrik (Hrsg.): Regieren im 21. Jahrhundert - zwischen Globalisierung und Regionalisierung, Opladen 1993.

**Scharpf, Fritz W.**: Optionen des Föderalismus in Deutschland und Europa, Frankfurt/M 1994.

**Schirm, Stefan A.**: Antworten auf Globalisierung: Wie Globalisierung den Staat stärkt. Paper DVPW-Kongress, Halle 2000.

**Schirm, Stefan A.**: Globale Märkte, nationale Politik und regionale Kooperation in Europa und den Amerikas, Baden-Baden 1999.

**Schirm, Stefan A.**: Globalisierung - eine Chance für Entwicklungsländer, in: Informationen zur politischen Bildung, 263/1999.

**Schirm, Stefan A.**: Regionalisierung der Internationalen Politik? Gemeinsame Außen- und Sicherheitspolitik in Europa, Lateinamerika und Südostasien, in: Zeitschrift für Politik 43/1996.

**Schirm, Stefan A.**: Transnationale Globalisierung und regionale Kooperation, in: Zeitschrift für Internationale Beziehungen, 4/1997.

**Schmähl, Winfried/Rische, Herbert**: Internationalisierung von Wirtschaft und Politik - Handlungsspielräume neuer Sozialpolitik, Baden-Baden 1995.

**Schmidt, Gert/Trinczel, Rainer** (Hrsg.): Ökonomische und soziale Herausforderungen am Ende des zwanzigsten Jahrhunderts, Baden-Baden 1999.

**Siedschlag, Alexander**: Globalisierung -Herausforderung und Instrument der staatenweltlichen Friedens- und Sicherheitspolitik. Paper zur Tagung: Globalisierung als Aufgabe, Loccum 1999.

**Steger, Ulrich** (Hrsg.): Globalisierung der Wirtschaft: Konsequenzen für Arbeit, Technik und Umwelt, Berlin 1996.

**Steger, Ulrich** (Hrsg.): Globalisierung gestalten. Szenarien für Markt, Politik und Gesellschaft, Berlin 1999.

**Stein, Arthur A.**: Why Nations Cooperate: Circumstance and Choice in International Relations, Ithaca 1990.

**Streeck, Wolfgang** (Hrsg.): Internationale Wirtschaft, nationale Demokratie, Frankfurt 1998.

**Voigt, Rüdiger** (Hrsg.): Der kooperative Staat. Krisenbewältigung durch Verhandlung? Baden-Baden 1995.

**Voigt, Rüdiger** (Hrsg.): Der neue Nationalstaat, Baden-Baden 1998.

**Voigt, Rüdiger**: Des Staates neue Kleider. Entwicklungslinien moderner Staatlichkeit, Baden-Baden 1996.

**Voigt, Rüdiger**: Ende der Innenpolitik? Politik und Recht im Zeichen der Globalisierung, in: Aus Politik und Zeitgeschichte, 29-30/1998.

**Weidenfeld, Werner/Wessels, Wolfgang** (Hrsg.): Europa von A bis Z, Bonn 2000.

**Welge, Martin K.** (Hrsg.): Das Management globaler Geschäfte, München 1998.

**Zürn, Michael/Walter, Gregor** u.a.: Postnationale Politik, in: Zeitschrift für Internationale Beziehungen 2/2000.

**Zürn, Michael**: Gesellschaftliche Denationalisierung und Regieren in der O-ECD-Welt, in: Kohler-Koch, Beate (Hrsg.): Regieren in entgrenzten Räumen, Opladen 1998.

**Zürn, Michael**: Konfliktlinien nach dem Ende des Ost-West-Gegensatzes - global handeln, lokal kämpfen, in: Beyme, Klaus von/Offe, Claus (Hrsg.): Politische Theorien in der Ära der Transformation, Opladen 1996.

**Zürn, Michael**: Regieren jenseits des Nationalstaats, Frankfurt/M 1998.

## 2.3. Primärquellen inklusive neue Medien und Online-Dokumente

**Deutscher Industrie- und Handelstag**: EU-Förderprogramme, Berlin 2000.

**Bundesministerium für Wirtschaft und Technologie**: Weltweit aktiv – Ratgeber für kleine und mittlere Unternehmen, Berlin 2000.

**Bundesstelle für Außenhandelsinformation**: Außenwirtschaftsförderung und wirtschaftliche Zusammenarbeit, Informations-CD, 2000.

**Deutsche Bundesbank**: Geschäftsbericht 1999, Frankfurt 2000.

**Deutsche Bundesbank**: Kapitalverflechtung mit dem Ausland, Frankfurt 2001.

**Deutsche Industrie- und Handelszentren**: DIHZ – Stützpunkte auf wichtigen Auslandsmärkten, Stuttgart 1997.

**Gesellschaft für internationale wirtschaftliche Zusammenarbeit**: Business Börse, Ausgaben I/1999 – II/2000, Stuttgart 2000.

**Gesellschaft für internationale wirtschaftliche Zusammenarbeit**: Bericht zu den Grundlagen der GWZ-Tätigkeit sowie den Strategien und Instrumenten der gegenwärtigen und zukünftigen Arbeit, Stuttgart 1995.

**Gesellschaft für internationale wirtschaftliche Zusammenarbeit**: Future Happens -Zukunft findet statt in Baden-Württemberg, Informations-Video 2000.

**Gesellschaft für internationale wirtschaftliche Zusammenarbeit**: Jahresprogramm Außenwirtschaft der GWZ, Stuttgart 2000.

**Gesellschaft für internationale wirtschaftliche Zusammenarbeit**: Markterschließungsmaßnahmen im Ausland für Baden-Württemberg Firmen, Stuttgart 2001.

**Gesellschaft für internationale wirtschaftliche Zusammenarbeit**: Market Studies, Präsentations-CD, 1999.

**Gesellschaft für internationale wirtschaftliche Zusammenarbeit**: Selbstdarstellung -Broschüre, Stuttgart 2000.

**Gesellschaft für internationale wirtschaftliche Zusammenarbeit**: Blickpunkt Baden-Württemberg, 11/2000, Stuttgart 2000.

**Gesetzblatt für Baden-Württemberg**: Gesetz zur Mittelstandsförderung, Stuttgart 2000.

**Industrie- und Handelskammer Hannover-Hildesheim**: Außenwirtschaft Aktuell, PDF-File, Hannover 5/2001.

**Industrie- und Handelskammer in Baden-Württemberg**: Fit für den Weltmarkt – Broschüre, Stuttgart 2000.

**Industrie- und Handelskammer in Baden-Württemberg**: Außenwirtschaftsförderung für baden-württembergische Unternehmen, Stuttgart 1999.

**Informationsblatt Außenwirtschaftsförderung** der Bundesregierung, Berlin 2000.

**Innovationsbeirat der Landesregierung Baden**-Württemberg: Baden-Württemberg ein Land im Aufbruch, Stuttgart 1998.

**Investment Promotion Agentur**: Merkblatt Auslandsmesse-Förderprogramm, Hannover 1999.

**Investment Promotion Agentur**: Merkblatt zur Förderung außenwirtschaftlicher Beratungsmaßnahmen für die mittelständische Wirtschaft, Hannover 1999.

**Landesgewerbeamt Baden-Württemberg**: Bericht 2000, Stuttgart 2001.

**Landesgewerbeamt Baden-Württemberg**: Das Dienstleistungsangebot - Broschüre, Stuttgart 2000.

**Landeszentralbank Baden-Württemberg**: Direktinvestitionen 1996, Stuttgart 1997.

**Landeszentralbank Baden-Württemberg**: Direktinvestitionen 1999, Stuttgart 2000.

**Landeszentralbank Baden-Württemberg**: Direktinvestitionen -Beilage zum Vierteljahresbericht I/1992, Stuttgart 1992.

**Landeszentralbank Baden-Württemberg**: Jahreswirtschaftsbericht 1991, Stuttgart 1992.

**Landeszentralbank Baden-Württemberg**: Jahreswirtschaftsbericht 1995, Stuttgart 1996.

**Landeszentralbank Baden-Württemberg**: Jahreswirtschaftsbericht 1999, Stuttgart 2000.

**Landeszentralbank Baden-Württemberg**: Jahreswirtschaftsbericht 2000, Stuttgart 2001.

**Landeszentralbank Bremen, Niedersachsen, Sachsen-Anhalt**: Direktinvestitionen 1998/99, Hannover 2000.

**Landeszentralbank Bremen, Niedersachsen, Sachsen-Anhalt**: Direktinvestitionen 1997/98, Hannover 1999.

**Landeszentralbank Bremen, Niedersachsen, Sachsen-Anhalt**: Jahresbericht 1995, Hannover 1996.

**Landeszentralbank Bremen, Niedersachsen, Sachsen-Anhalt**: Jahresbericht 1992, Hannover 1993.

**Landeszentralbank Bremen, Niedersachsen, Sachsen-Anhalt**: Jahresbericht 1999, Hannover 2000.

**Landtag von Baden-Württemberg**: Außenwirtschaftsförderung in Baden-Württemberg. Große Anfrage der Fraktion der CDU, Stuttgart 1997.

**Landtag von Baden-Württemberg**: Die gesamtwirtschaftliche Perspektive Baden-Württembergs vor dem Hintergrund der Internationalisierung der Märkte. Große Anfrage der Fraktion der Republikaner, Stuttgart 1999.

**Landtag von Baden-Württemberg**: Entwicklungszusammenarbeit in Baden-Württemberg. Große Anfrage der Fraktion der FDP/ DVP, Stuttgart 1998.

**Landtag von Baden-Württemberg**: Grundgesetz – Landesverfassung, Stuttgart 1999.

**Landtag von Baden-Württemberg**: Stärkung des Wirtschaftsstandortes Baden-Württemberg auf dem globalen Markt. Große Anfrage der Fraktion der SPD, Stuttgart 1997.

**Niedersächsische Landesregierung**: Arbeitsmarktbericht 97/98, PDF-File, Hannover 1999.

**Niedersächsische Landesregierung**: Ganzheitliches Mittelstandskonzept, PDF-File, Hannover 2001.

**Niedersächsisches Institut für Wirtschaftsförderung**: Außenwirtschaftliche Verflechtungen der niedersächsischen Wirtschaft, in: Niedersächsisches Landesamt für Statistik (Hrsg.): Niedersachsen Monitor, Hannover 2000.

**Niedersächsisches Institut für Wirtschaftsforschung**: Ansatzpunkte zur Optimierung der Effizienz von Wirtschaftsdelegationsreisen, Hannover 2000.

**Niedersächsisches Institut für Wirtschaftsforschung**: Außenwirtschaft Niedersachsen, Hannover 1996.

**Niedersächsisches Institut für Wirtschaftsforschung**: Außenwirtschaft Niedersachsen, Hannover 1996.

**Niedersächsisches Landesamt für Statistik** (Hrsg.): Niedersachsen Monitor, Hannover 2000.

**Nord-LB**: Global Markets , PDF-File, Hannover 2001.

**PM und Partner**: Positionierung und Strategieplattform für die Standortpromotion des Landes Baden-Württemberg, Frankfurt/M 1999.

**Presse- und Informationsamt der Bundesregierung**: Vertrag von Amsterdam, Bonn 1999.

**Roland Berger und Partner**: Zukunftsinvestition in Baden-Württemberg, München 2000.

**Staatskanzlei Niedersachsen**: Europafokus, PDF-File, Hannover 2001.

**Staatsministerium Baden-Württemberg**: Außenwirtschaftliches Konzept - unveröffentlicht.

**Staatsministerium Baden-Württemberg**: Interregionale und grenzüberschreitende Beziehungen der Länder - Bestandsaufnahme, Stuttgart 2000.

**Staatsministerium Baden-Württemberg**: Mittelstandskonzept - Vermerk der Abteilung V vom 14. Dezember 1999 an Abteilung III.

**Staatsministerium Baden-Württemberg**: Übersicht der Vier Motoren Zusammenarbeit zwischen Rhône-Alpes, Katalonien, Lombardei und Baden-Württemberg, Stuttgart 2000.

**Staatsministerium Baden-Württemberg**: Zehn-Punkte-Programm zu Europa, PDF-File, Stuttgart 2000.

**Statistisches Bundesamt** (Hrsg.): Datenreport 1999, Bonn 2001.

**Steinbeis Stiftung**: Bericht 2000, Stuttgart 2001.

**Vereinte Nationen**: World Investment Report 1995. PDF-File, Genf 2000.

**Vereinte Nationen**: World Investment Report 2000. PDF-File, Genf 2000.

**Volkswagen AG**: Geschäftsbericht der Volkswagen AG, PDF-File, Wolfsburg 2000.

**Vorschriftendienst BW**: Gesetzblatt Baden-Württemberg - Mittelstandsförderungsgesetz vom 16. Dezember 1975, PDF-File, Stuttgart 2000.

**Wirtschaftsministerium Baden-Württemberg**: Baden-Württemberg - auf allen Weltmärkten zu Hause. Ministermusterrede, Stuttgart 2000.

**Wirtschaftsministerium Baden-Württemberg**: Leitfaden bw-export, PDF-File, Stuttgart 2000.

**Wirtschaftsministerium Baden-Württemberg**: Informationen aus dem Wirtschaftsministerium, Stuttgart 2000.

**Wirtschaftsministerium Baden-Württemberg**: Standortargumentation des Landes Baden-Württemberg (unveröffentlicht), Stuttgart 1999.

**Wirtschaftsministerium Niedersachsen**: Jahresbericht 2000/2001, Hannover 2001.

**Wirtschaftsministerium Niedersachsen**: Wirtschaftsbericht 1995, Hannover 1995.

**Wirtschaftsministerium Niedersachsen**: Wirtschaftsbericht 1998, Hannover 1998.

**Wirtschaftsministerium Niedersachsen**: Messe Aussteller Förderung, Hannover 2000.

**Bundesstelle für Außenhandelsinformation**: News, 11/2000, Berlin 2000.

**Bundesstelle für Außenhandelsinformation**: News, 5/2001, Berlin 2001.


## 2.4. Pressemitteilungen und Zeitungsartikel

**Deutsche Presse Agentur**: Gespräch mit Staatsminister Palmer, 27. Juni 2001.

**Staatsministerium Baden-Württemberg**: Palmer kritisiert Europapolitik der Bundesregierung, Pressemitteilung, 21. Juni 2001.

**Stuttgarter Nachrichten**: An Bayern kommt in Brüssel keiner vorbei, 8. Februar 2001.

**Stuttgarter Nachrichten**: LBBW-Vertretung in Shanghai, 19. September 2000.

**Stuttgarter Nachrichten:** Liebesgrüße aus Südwest – Imagekampagne, 14. Juli 2001.

**Stuttgarter Zeitung**: Döring für mehr Biotechnologie, 19. Juni 2001.

**Wirtschaftsministerium Baden-Württemberg**: Arbeitsplätze bei ausländischen Unternehmen, Pressemitteilung, 7. Dezember 2000.

**Wirtschaftsministerium Baden-Württemberg**: Auslandsaktivitäten in Baden-Württemberg, Pressemitteilung, 18. Juni 2001.

**Wirtschaftsministerium Baden-Württemberg**: Baden-Württemberg ist Biotech-Standort Nr.1, Pressemitteilung, 18. Juni 2001.

**Wirtschaftsministerium Baden-Württemberg**: Döring setzt auf Zukunftsmarkt Biotechnologie, Pressemitteilung, 27. Oktober 2000.

**Wirtschaftsministerium Baden-Württemberg**: Döring startet Außenwirtschaftoffensive, Pressemitteilung, 26. April 2001.

**Wirtschaftsministerium Baden-Württemberg**: Döring trifft Gouverneurin aus Delaware, 22. Mai 2001.

**Wirtschaftsministerium Baden-Württemberg**: Exportland Baden-Württemberg, Pressemitteilung, 26. April 2001.

**Wirtschaftsministerium Baden-Württemberg**: Japanreise ein voller wirtschaftlicher Erfolg, Pressemitteilung vom 7. Juni 2001.

## 2.5.    Internet

**AKVGdL**: www.statistik.baden-wuerttemberg.de/vgr/index.htm

**Außenwirtschaftsportal** des Bundesministeriums für Wirtschaft und Technologie. www.ixpos.de

**Auswärtiges Amt**: www.auswaertiges-amt.de

**Baden-Württemberg**: www.baden-wuerttemberg.de

**Baden-Württembergisches** Landesamt für Statistik: www.statistik.baden-wuerttemberg.de

**Bundesamt für Statistik**: www.statistik-bund.de

**Deutsche Bundesbank**: www.bundesbank.de

**Deutsche Industrie- und Handelstag**: www.diht.de

**Deutscher Industrie und Handelstag**: www.ihk.de

**Deutsches Zentrum Peking**: www.germancentre.org.cn

**Deutsches Zentrum Shanghai**: www.germancentreshanghai.com

**Gesellschaft für internationale wirtschaftliche Zusammenarbeit**: www.gwz.de

**IHK Hannover-Hildesheim**: www.hannover.ihk.de/markt.htm

**Industrie- und Handelskammer Region Stuttgart**: www.stuttgart.ihk.de

**Industrie- und Handelskammer**: www.ihk.de

**Informations System Außenwirtschaft**: www.isa.germany-southwest.de

**Investment Promotion Agency**: www.ipa-niedersachsen.de

**Investors Link: Gateway to Baden-Württemberg**: www.bw-invest.com

**Landesgewerbeamt Baden-Württemberg**: www.lgabw.de

**Landeskreditbank Baden-Württemberg -Förderbank**: www.l-bank.de

**Landeszentralbank Baden-Württemberg** www.lzb-bw.bundesbank.de

**Landeszentralbank Bremen, Niedersachsen, Sachsen-Anhalt**: www.bundesbank.de/lzb-bns

**Niedersachsen**: www.niedersachsen.de

**Niedersächsische Staatskanzlei**: www.niedersachsen.de/STK1.htm

**Niedersächsisches Landesamt für Statistik**: www.nls.niedersachsen.de

**Organization for Economic Cooperation and Development**: www.oecd.org

**Parlamentsdokumente des Landtags von BW**: www.landtag-bw/Dokumente

**Pricewater House Coopers**: www.pwcglobal.de/

**RKW BW**: www.rkw-bw.de

**RKW Nord** www.rkw-nord.de

**Roland Berger und Partner**: www.rolandberger.com

**Staatsministerium Baden-Württemberg**: www.stm.baden-wuerttemberg.de

**Standort Informationsseite Baden-Württemberg**: www.business.germany-southwest.de

**Steinbeis Europa Stiftung**: www.steinbeis-europa.de

**United Nations Conference on Trade and Development**: www.unctad.org

**Vereinte Nationen**: www.uno.de

**Vorschriftendienst Baden-Württemberg**: www.vd.bw.de.

**Wirtschaftsministerium Baden-Württemberg**: www.wm.baden-wueurttemberg.de

**Wirtschaftsministerium Niedersachsen**: www.wm.niedersachsen.de